“茅舍槿篱溪曲”

“门外春波荡绿”

踏上回归精神故里寻古探幽的旅程，

感受乡土的温暖与润泽，

体味精神家园的馨香。

中国民间文化遗产抢救工程
THE PROJECT TO CHINESE FOLK CULTURAL HERITAGES

中国历史文化名城·名镇·名村丛书

中國歷史文化名鎮

# 福建杉洋

中国民间文艺家协会／组织编写
总主编／潘鲁生　邱运华
本卷主编／曾章团　吴维敏　林　峰

知识产权出版社
全国百佳图书出版单位
—北京—

## 积聚海量信息 寻觅科学路径（序一）

# 邱运华

传统村落保护是当下中国文化遗产保护工作中最重要的社会性课题之一。对于一个具有绵延五千年不间断农业文明的民族来说，传统村落能否得到妥善保护更是一个文明能否传承的关键问题。

传统村落保护是当代社会发展的普遍问题，不独中国社会存在，西方发达国家存在，东方发达国家也存在。从世界范围看，这是一个国家从欠发达到发达、从农业社会过渡到工业社会、从以农村为主体发展到城镇化生活方式过程中普遍存在的问题。有学者把中国农村经济结构改造、社群建设、新文化建设和整体民生改善工作这一进程，追溯到 20 世纪 50 年代。但我以为，它毕竟不是我们现在所处的整体转向工业化、城市化进程中遇到的课题。中国社会同一性质的乡村保护课题，起源还是世纪之交的 2003 年 2 月 18 日“中国民间文化遗产抢救工程”。2012 年 12 月 12 日，住房和城乡建设部、文化部、财政部联合发布《关于加强传统村落保护发展工作的指导意见》，2014 年 4 月 25 日，除上述三部外又增加了国家文物局，联合发布《关于切实加强中国传统村落保护的指导意见》，两次重申传统村落保护的联合行动。冯骥才先生在 2012 年的一篇文章里把传统村落保护提高到文明传承的高度，我认为非常正确。中国社会各界对传统乡村保护的问题，有着非常积极的呼应。

中国是发展中国家，但是从东部、南部和东南部区域看，具有发达国家的某些特征。农村人口从西部向东部、从村落向城镇转移，是1990—2010年最重要的社会现象，这一巨大的人口变迁集中表现为城镇人口急速膨胀、传统村落急速空心化，不少历史悠久的自然村落仅仅剩下老人和儿童。因此，传统村落的保护在中国面临的问题，与发达国家相比，具有共同性。例如，从“二战”后恢复到工业化时期，德国和日本先后进行的村落更新或改造项目具有几个明显特征：一是以激发村落内部活力、发展农村经济作为前提，以改造农村基本生活设施作为基础展开；二是村落更新或再造项目以土地管理法令的再研究作为保障；三是建立了学术界论证、公布更新或再造规划、政府支持的财政额度及投入指向、个性化改造方案与村民意愿表达的有效沟通机制，有效保护村落历史文化、自然风景、公共空间与私人空间等要素。综合来看，先行的国家特别注重传统村落的“民间日常生活”保存问题。

所谓“民间日常生活”的具体含义是什么？乃指传统村落村民群体的方言、交往方式、经济生产活动、衣食住行、生老病死、教育、节日活动、传统风俗、民间信仰活动以及区域性的传统手工艺活动等，以及上述种种的精神性、思想性、文化性、艺术性和物质性表现形态。长期以来，中国传统村落之所以成为民族文化的保留者和传承平台，核心在于保存着这个民间日常生活，它的内容和方式，在民间日常生活的基础上，方可承载不同样式、层次的民族文化。

之所以在这里提出将“民间日常生活”作为传统村落的文化基础问题，乃是因为看到目前对待传统村落的两种观点具有一定的欺骗性，并不同程度地主宰和误导了传统村落的基本价值指向。一种是浪漫主义传统村落观，一种是商业主义传统村落观。浪漫主义传统村落观把传统村落理想化、浪漫化，仿佛传统村落是用来怀旧的，象征着一切美好的自然与人类的和谐，田园风光，日出而作，日落而息，男耕女织，像是《桃花源记》里的武陵源，“不知有汉，无论魏晋”。但是，这不是民间日常生活；民间日常生活还包含在落后生产力条件下的温饱之苦、辛劳之苦，是传统村落里百姓的生活常态；生产关系之阶级阶层压迫、政治强权和无权地位，以及在自然面前束手无策，在兵灾、匪患和种种欺男霸女面前的悲惨状态，甚至中华人民共和国成立以来出现过的政治压迫、思想禁锢和社会运动之灾，是乡村浪漫主义者无法想象的，而这，就是大多数传统村落的民间日常生活。文人雅士，在欣赏田园风光和依依炊烟之时，能否探入茅舍，去看看灶台、铁锅和橱柜，去看看大量农夫、农妇的身影，他们是否仍然饥饿、寒冷？或者他们的孩子是在劳作还是就学？商业主义传统村落观呢，则直接把传统村落改造成伪古典主义的模板，打造成千篇一律的青砖瓦房，虚构出一系列英雄史诗和骑士传奇，或者才子佳人和神异仙境的故事，两者相嫁接，转化为商业价值或者政绩价值，成为行政或市场兜售的噱头，这一行为成为当下传统村落“保护”的常态。这两种传统村落观，一个共同的特点是把村落与民间日常生活相割裂，抹杀了民间日常生活在传统村落里的价值基础，从而，也直接把世世代代生活于这一场景中的村民赶出村落，嫌他们碍事，妨碍了我们的浪漫主义和商业主义梦想；他们不在场，我们可以肆意妄为地文化狂欢。那些在民间日常生活中久存的精神性的、思想性的、文化性的、艺术性的符号，均不在话下。但是，假如村民不在场，社群活力不再，传统村落如何是活态的呢？西方哲学有一个时髦术语，叫作“主体缺失”，因为主体缺失，因而话语狂欢。

关注传统村落的村民，无疑是中国传统村落保护的第一要素。但恰好是人这第一要素导致了传统村落的凋敝和乡愁的产生。

1990—2010 年这二十年，一些区域传统村落里村民流动性的增强，特别是青壮年村民向东部、东南部和南部沿海地区季节性的流动，极大地影响了这些区域传统村落民间日常生活的展开，减弱了传统村落的社群活力，也相应减少了传统文化活动的开展。这样，构成传统村落民间日常生活的内容慢慢演变成淡黄色、苍白色，成为一种模糊记忆，抑或转化为一年一度的春节狂欢，最后，演变定格成为日常性质的乡愁。民间日常生活不再完整地体现在现在乡村生活之中。那个完整的民间日常生活，在我们不得不离开它的土壤之后，便蜕变为乡愁。乡愁这只蝴蝶的卵，就是民间日常生活。而伴随着乡愁这只蝴蝶而出现的，却是一个个村落日常生活不断凋敝、慢慢消失。乡愁成为我们必须抓住的蝴蝶，否则，我们的家乡便消失在块垒和空气之中，我们千百年创造的文化便无所依凭。然而，据统计，在进入 21 世纪（2000 年）时，我国自然村总数为 363 万个；到了 2010 年，仅仅过去十年，自然村总数锐减为 271 万个。十年内减少约 90 万个。若是按照这个速度发展下去，三年、五年之后，我们的传统村落便无踪无影了。也就是说，出生和成长在这些村落而现在散居在世界各地的人们，将无以寄托他们的乡愁。若是其中有的村落有几百年、上千年甚至更久远的历史呢？若是其中有的村落有着华夏一个独特姓氏、家族、信仰和其他各种人文景观等等呢？

越来越多的学者开始从事传统乡村保护的研究工作，例如《人民日报》2016 年 10 月 27 日发表了《老宅、流转、新生》为题的介绍黄山市探索古民居保护新机制的文章，还配发了题为《古民居保护，避免“书生意气”》的评论；《中国文化报》2016 年 10 月 29 日发表了题为《同乡村主人一起读懂文化传承》的文章，提出了“新乡村主义”的概念，在它的题目之下，包含有乡村治理、乡村重建和乡村产业化的多功能孵化等内容。为此，文章提出了“政府制定政策方向、标准化编列预算，聘请专家团队和 NGO 组织，进行顶层设计、人才培育、产业孵化和公共服务”四项基本措施，还配发了《莫让古民居保护负重前行》的文章。《光明日报》2016 年 11 月 15 日发表了题为《福建土堡：怎样在发展中留住乡愁》的报道，记叙了专家考察朱熹故乡福建三明尤溪土堡的过程；记者报道了残存的土堡现状，记录下专家们的意见：政府与社会资本合作的“PPP 模式”，面对乡村人口日趋减少的不可逆现实，应该吸引城市中的人回到乡村，将土堡打造为“民宿”，在不破坏现有形制的前提下，实现功能更新。也有专家提出，就保护而言，首先应该考虑当地人，人的利益是优先的，只有做到长期发展而不是只顾短期利益，文化遗产保护事业才能够持续发展，等等。

上述建议，已经超越了简单的乡愁情怀，而诉诸国家土地法规、资金筹措模式、专家功能实现等层次。应该说，在越来越深入研究、讨论的基础上，对传统村落保护的思路越来越宽了，为政府制定传统村落保护法提供了良好的基础。在国家立法的基础上，国家、地方政府组织专家开展普查，确认传统村落的级别，分别实施不同层次的激活、保护、开发，才有坚实的基础。

我理解，通过专家学者的普查、认定，得出的结论一定会有利于政府形成健全完备的保护方案和具体操作措施。一方面，对仍然有社群活力的乡村，实施新农村建设规划，改善其经济机制，改建生活设施，改善村民的生活条件，把工作重点聚焦到提高农业产业框架基础、为居民提供更好的生活环境、增强村庄文化意识、保存农村聚落特征上来。另一方面，为有着特殊文化传承却逐渐凋敝，甚至失去社群活力的乡村，探索一套完善保护的工作模式，形成一种工作机制，并得到国家法规政策的支持和保障，包括土地规划、投资体制、严格的环境保护，建立严格的农民参与机制等，为保留故乡记忆、记住我们的乡愁，留下一系列艺术博物馆、乡村技艺馆，产生具有独特价值的“乡愁符号”。

作为“中国民间文化遗产抢救工程”的重要项目之一，《中国历史文化名城·名镇·名村丛书》正是通过众多专家学者和民间文艺工作者辛勤的田野调查工作，在中国民协推动的“中国传统村落立档调查工程”所积聚的海量信息基础上，多学科、多视角地反映当下古城古镇和传统村落现状，发掘传统文化的独有魅力，进而为保护和传承优秀传统文化积累鲜活的素材，汇拢丰富的经验并寻觅科学的路径。相信这套丛书的出版将对古城古镇和传统村落的保护发挥积极作用。

2017 年 3 月

（作者系中国民间文艺家协会分党组书记、驻会副主席）

## 千年悠悠，山川依旧（序二）

许守尧

在中国古代文化名人中，朱熹是离我最近的一位。每当我踏进故乡抑或伫望故乡，就会感受到一种厚重深沉的文化气息、一股淳实纯朴的文化遗风，那是因为在八百多年前，有一位旷世大儒，曾经在那块贫瘠土地上传递着中国传统文化的精髓。他以渊博的才学，教化着那一方偏远的地方。

不管身居何处，我都会骄傲于故乡曾经有这样一位大名鼎鼎的人物在那里讲过学。我不知上辈是否有人受到这种儒雅之气的熏陶，但这关系不大，文化是一种时光沉淀、一种价值导向，更是一种历史传承，这种看似无形的东西如同一个巨大的磁场，牢牢地吸引着故乡世世代代的读书人。

朱熹在我的故乡古田杉洋讲过学，讲学总得有个讲授的地方，这地方就是蓝田书院。尽管这个书院与著名的岳麓书院、白鹿洞书院等国家级的书院相比名声还不够响，但它也是八闽最古老的书院之一，更因为它位于我故乡这一方钟灵毓秀之地，所以在我心目中有着极其崇高的地位。

蓝田书院始建于一千多年前的五代南唐，位于古田县杉洋村北境墓亭山麓，离集镇还有一段距离，遗世独立般地安坐在群山的怀抱中。我童年和少年时代，见到的是它最衰败最破落的时候，那个时候没有人把它当作文化的殿堂和文化古迹，而是把它当作一幢老房子或者一座破庙，所不同的是这座破房子有着诸如“登云”“立雪”等精致典雅的题匾。

20世纪70年代，蓝田书院毁于一场大火，我曾经很伤心地凭吊过那片孤独的遗址，那断墙颓垣、残砖破瓦，总让我为它昔日的辉煌作不尽的联想。许多年以来，我都无法忘记那深红色的院墙、朱红的大门和大门上朱熹书写的“蓝田书院”四个白底蓝字的横匾。那副“夏曰校殷曰序周曰庠无以异也，兴于诗立于礼成于乐不在兹乎”对联，如同一个深奥的教义，也是在我明白许多事理之后，才真正读懂。站在门口那两株亭亭如盖的榆荚树下，想象着八百多年前，朱夫子穿着长衫，戴着方巾，肃然端坐在教坛上，“生徒云集，坐不能容”的繁荣景象，那宁静肃穆的地方，透出琅琅的书声，是那样的令人心驰神往。

我不知道蓝田文化曾经孕育过故乡多少英才，但我知道现代受“蓝田书院”文化流泽陶冶和影响的是杉洋夏庄的李若初先生。他是一位饮誉海内外的书画家，恰巧也是一位教书先生，曾在霞浦、南平、福州等地执教数十年。他是一个文化传播者，也是一位文化的创造者。晚年退休，回归故里，深居古田杉洋“学稼楼”，书画不辍，乡村古道上经常看到他为村民书写的清癯身影。

这使我想起另一个与蓝田书院相关的故事。朱熹在南宋庆元二年（1196）落魄来到古田杉洋时，已经是66岁的老人了。当时，他向学生讲授的理学已被朝廷某些人宣判为“伪学”，又过一年，

“伪学”进一步升格为“逆党”。为了避祸，朱熹在蓝田书院这块僻地归隐教书，朝廷权臣韩侂胄派遣一位姓康的太保前往杉洋缉拿朱熹归案。康太保策马扬鞭，风尘仆仆赶到杉洋后，看到那里风光秀丽，民风古朴，后来又见到朱熹以粗茶淡饭来招待客人。他目睹了朱熹生活清贫，志行高洁，儒雅有礼，深为感动，不忍收捕，令随从先返。他在辞别朱熹之后感到左右为难：不杀朱熹，难以交差；杀了朱熹，天理难容，最后只好仰天长叹，拔剑自刎，舍身取义。康太保身为一介武夫，一生也许做过错事或坏事，但毕竟是一位有格局有见识的人，在对待朱熹上，他是一位真君子、一位铮铮的男子汉。他的死像一道光芒照亮了他灰色的一生。他不仅仅留下了朱熹的一条性命，更是尊崇了一种文化高度，捍卫了一座文化丰碑。能以自己的死去换取别人的生，没有震慑人心的强劲威力，没有触及灵魂深处的激越之光，是无法做到的。朱熹是一个文弱的儒者，但他深邃的思想、旷古的才学、崇高的人品，造就了他特有的强大的人格魄力，任何有良知的人，在这力量面前都会被折服。

回望八百多年前的那一幕，我为蓝田文化被糟蹋而深感悲哀，悲哀之余就是彻底觉醒，那就是呼唤提高全民文化素质，只有社会文化素质的提高，才会重视和保护文化，才会挽住祖先留下的文脉。朱熹曾经说过，唯学为能变化气质耳！他把教育看成教化民众、恢复性灵、改变素质的根本途径。离开了这一途径，几乎谈不上社会的发展、国家的安宁和文化的传承保护。这个观点，现在看来都不过时。人类素质的提高，社会文明的进步，需要教育，需要文化。反之，崇尚文化、保护文化也需要珍惜文化、尊崇文化的人，这是一种相辅相成、互为依存的关系，只有两者互相促进、同频共振，人类文明的薪火才能代代相传，才能避免文化悲剧命运的重蹈。

千年悠悠，山川依旧。杉洋历史文化名镇风华如初，重建后蓝田书院诵读国学的声音不绝于耳。我很高兴看到了一个充满文化自信时代的到来。诗曰：

几兴几圮几春秋，

文脉传承不断流。

五代春风南宋雨，

至今犹润僻山畴。

2022年9月

（作者系福建省委宣传部常务副部长、福建省电影局局长）

文化留根 历史留脉 时代留痕（序三）

## 王来文

八闽大地历史悠久，文化灿烂，传统村落资源丰富，形态多样。作为海上丝绸之路核心区的福建，自古以来，孕育了独具特色的朱子文化、闽南文化、客家文化、红色文化等鲜明的地域文化。在福建的青山绿水间，古村落、古民居和古建筑星罗棋布，甚多也甚广，这其中承载着传统建筑规划的经典布局美学，以及众多能工巧匠的精湛建造技艺，生动地展示了地域特色风情和古老八闽人民与自然和谐相处的传统生态文化。当然，伴随着历史前进的步伐，许多古村落的原生个性正在逐渐失去；不少传统村落还处于缺规划、缺管理的状况。寻找和保护乡土记忆，抢救和梳理古村落文化的脉络正成为一个迫切的课题，成为党和政府以及专家、学者、有识之士热切关注的话题。

党的十八大以来，以习近平同志为核心的党中央高度重视中华优秀传统文化保护。《关于实施中华优秀传统文化传承发展工程的意见》提出，加强历史文化名城名镇名村、历史文化街区、名人故居保护和城市特色风貌管理，实施中国传统村落保护工程，做好传统民居、历史建筑、革命文化纪念地、农业遗产、工业遗产保护工作。

2019年6月8日，《人民日报》重刊了习近平总书记在福建工作期间为《福州古厝》一书作的序，再次在全国产生热烈反响。这篇重要文献详细解释了古建筑的丰富文化内涵，作出了“保护好古建筑、保护好文物就是保存历史，保存城市的文脉”的重要论断，强调了保护古建筑、保护好文物与发展经济一样重要。福建古厝有福也有幸，多年来得到了习近平总书记的精心呵护和深切关爱。习近平总书记在福建工作期间，组织和推动保护三坊七巷这“半部中国近现代史”，推动保护鼓浪屿这座国家瑰宝，组织抢救万寿岩遗址这个“南方的周口店”，推动建立文化和自然保护体制机制。福建省委书记于伟国对建筑遗产保护工作提出了高要求：要全面加强保护古镇、古村落，留住历史的“脉”，突出时代的“痕”。新时代赋予了我们名镇名村保护发展的新使命，福建省文联按照省委要求，认真贯彻落实习近平总书记的讲话精神与指示，持续推进历史文化名城名镇名村和传统村落保护工作，努力实现文化留根、历史留脉、时代留痕，认真讲好中国故事、讲好福建故事。

古村落的保护与发展是事关中华优秀传统文化传承与弘扬的基础工程，更是一项需要政府、社会、学界和村民共同参与的系统工程。每一座传统村落，都蕴含着当地的传统文化，体现了当地建筑艺术和人居空间格局天人合一的审美意象，反映了人与自然和谐共生的人文关系，我们希望越来越多的民间文艺家参与传统村落保护的研究和实践，能够不断地为传统村落的保护作出深刻、长远的发展规划总结。近年来，我们通过邀请专家实地考察调研、举办古村落文化遗产保护论坛、配合中国民协积极做好传统村落立档调查等一系列工作。在中国民协的带领下，福建省民间文艺家协会牵头组织专家编写了《中国历史文化名城·名镇·名村丛书》福建卷。这里，有栖居于其中的父老乡亲及他们坚守的耕读传家的家族精神、家风祖训、民俗风情，也有对古建筑群、祖庙宗祠的概述以及历史文化调查和史料收集整理等，我们从源流衍脉、建筑风貌、理学传承、民俗信仰、风味特产、民间文艺等各个方面，对当地传统村落文脉进行梳理。未来，我们还将继续做好福州、泉州、漳州、长汀等中国历史文化名城、名镇、名村系列图书的编写工作，持续对古建筑、古村落的现状建立相关的档案，向世人展现福建省深厚的历史文化底蕴、鲜明的地域文化特色以及优美的生态人居环境。我们有使命、有责任、有义务在推进古村落文化保护的道路上，发挥福建省民间文艺工作者的积极作用，贡献福建的力量。

2019年12月23日

（作者系福建省文联书记处书记、副主席、福建省美术家协会主席）

中国历史文化
名城·名镇·名村丛书

中国历史文化名镇

# 福建杉洋 | 目录

## 第五章 文艺集萃



## 第六章 风味杉洋

Famous Villages, Famous Towns, Famous Cities
of Chinese Historical and Cultural Series

The Chinese Famous Historical and Cultural Town

# Shanyang Fujian | Contents

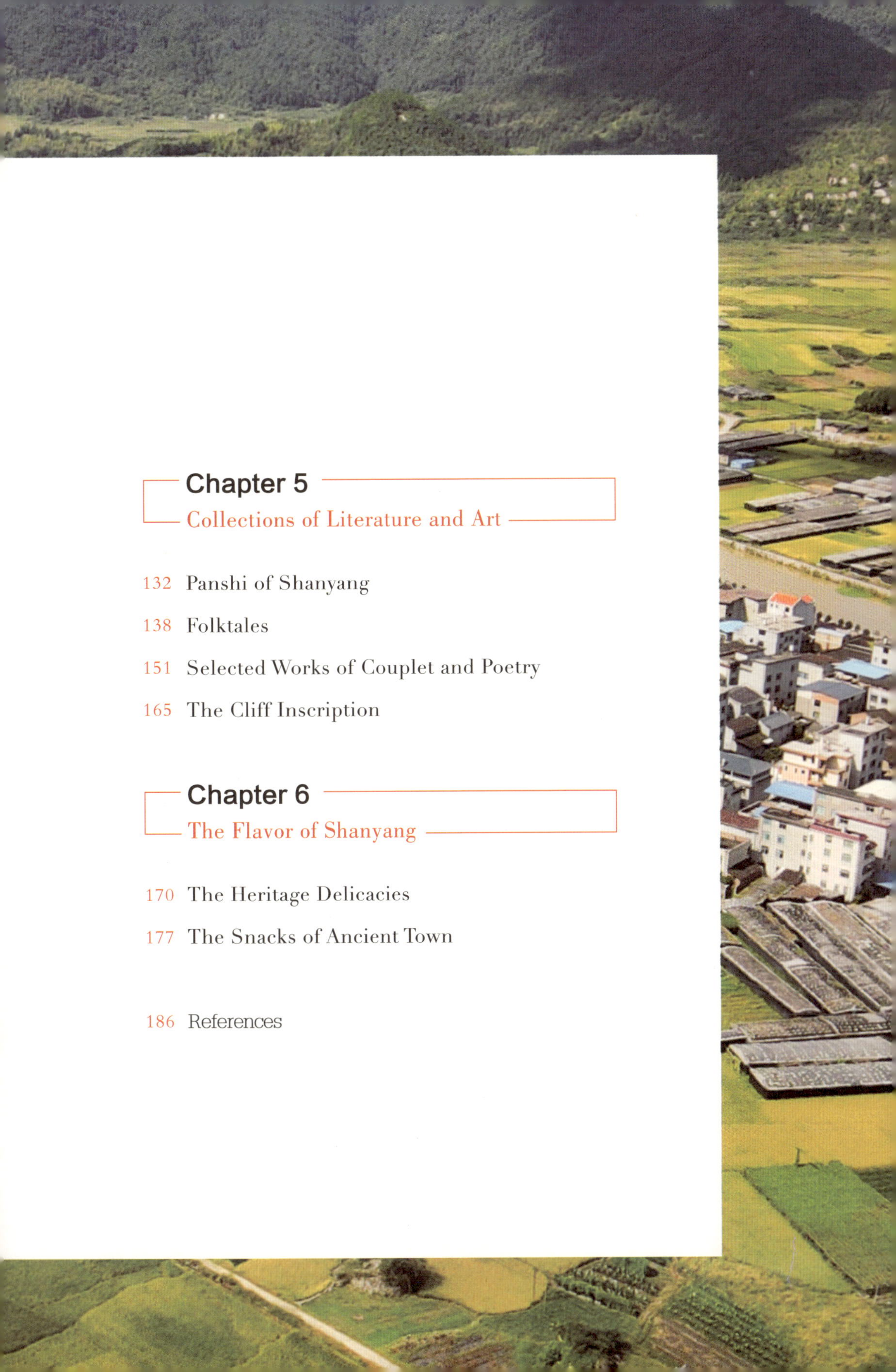

## Chapter 5

### Collections of Literature and Art



## Chapter 6

### The Flavor of Shanyang

## 引 言

福建省古田县杉洋镇享有“先贤过化之乡”“山乡第一城”之美誉。杉洋镇位于古田县东部，群山环抱，十里良畴。

“蓝田好，仙路入桃源。秀水一条银带绕，奇峰四面玉屏环。人在洞中天。”此为宋代名士李廷芳的词。蓝田，是杉洋的旧称。这篇词盛赞杉洋宛如仙境。蓝田有八景，村北有狮岩山，巍峰峭峙，山巅似巨狮，冬日有积雪，狮身洁白如雪，曰：狮岩凌雪；东面有象峰山，因形如巨象而得名，斜阳晚照，碧崖披霞，曰：象峰夕照；“云梯接汉”位于象峰山之左，石级扶摇直上，入白云飘渺之间；象峰山还有一景“一线洞天”，有前后岩门，相距十余丈，洞穴深幽，仅见一线光明；在蓝田书院的山上，有一洞穴，人在洞内眺望天际与对面的山，云雾蒸腾，曰：古洞留云；夏庄凤林山，其山如凤，霞光凝聚，彩凤欲飞，取名“凤林栖霞”；南面有马首

↓ 杉洋秋色

山，犹骏马作嘶风状，便是“马首嘶风”一景；蓝田书院山上有一清泉水池，东山月出时即照池中，池边石壁上有朱子题“引月”二字，人将此景取名为“天池引月”。

一座祠堂，便是一部辉煌的宗族展示馆。杉洋的祠堂被专家学者赞为“全国罕有，全省独有”。走进祠堂，见得最多的便是悬挂于柱子的匾额和楹联。宋徽宗御笔“檀越主尚书堂”竖匾悬挂于祖厅、“状元及第”竖匾悬挂在二进的科名阁上。在这里，还可以赏读到范仲淹的“八贤望重家声远，三谏名高世泽长”等名联。蝉林祠，建于宋，之后几经翻修，规模不断扩大，如今的蝉林祠，四进院落3个天井，中厅共有11个天花藻井，当地人俗称“旋天凤凰池”。中央藻井结构有48旋之多，全部采用榫卯结构，不用一根钉，再由8个藻井拱卫，堪称古典建筑奇葩。

在杉洋，还有李氏的凤林祠、彭氏总祠、林氏宗祠“联珠祠”，它们同样恢宏壮观：祠堂前的旗杆碣、祠堂里的匾额楹联以

↓ 天池引月

俯瞰杉洋古民居

广袤大地

漫步古城墙

古城墙遗迹

古廊桥

及祠堂内介绍的每一位功名成就者。每一座祠堂，虽然布局不同，但都给人庄严肃穆厚重之感。以先祖为源、家族传承为根，生生不息；每一座祠堂，通过对家族杰出人士的褒奖，让每一个后人感受家族的荣耀，焕发出传承家族精神的自觉。

蓝田书院，这是八闽最早的书院之一。据记载，朱熹先生在南宋淳熙十一年（1184）来古田寻访父亲在古田的友人，并在恩师李侗祖籍地杉洋村“游学讲论”短暂逗留。南宋庆元三年（1197）朱熹应杉洋门人之邀从建阳前来杉洋避祸讲学，这一次，他题了“蓝田书院”四个遒劲大字，镌刻在书院东侧的石壁上。朱熹把这里当作避祸躲灾的理想处所和传播理学的根据地，白天谈经论道，晚上则与门人一起在聚星台上观星象，谈国事。朱熹两度在杉洋授业解惑，培养出了众多的闽东籍弟子，其中“古田十八门人”尤为著名，他们在学术上多有建树，不少人还取得功名，且多有著述行世，有一部分后来成为古田多个书院的掌门人。而且还孕育了这里的诗礼传家、崇儒尚学的乡俗民风。

杉洋不止有书院，在一千多年的历史中，这里还有蒙养室、文昌阁和近代外国传教士办的培英学校和育秀学校。有着一千多年历史的杉洋，在稻香与书香融合中孕育和传承着它的乡风。养身谷为宝、济世书留香。杉洋人深谙个中道理。问渠那得清如许，为有源头活水来。书，是济世传家的精神源头，一个镇有书香，一个镇便有希望。腹有诗书气自华，一个镇的书院和私塾等，便是这个镇的诗书，是这个镇的精神场所。

杉洋村是杉洋镇的中心村和镇区所在地，具有悠久历史的古城墙正位于镇区内。杉洋建城墙，迟于古田两年。此时的杉洋已是余、李、彭、林诸姓全境千家聚居的大镇，居民辐辏，万灶人烟，栋宇叠起，街市密布，古道纵横，无论从人口数量、规模，还是从繁荣程度、地理位置上都可以与小县城比肩。杉洋的城墙在明清两代两次修筑，起到了很好的防寇安民的作用，为民众守护着一片安宁。

建筑承载着文化，杉洋的城墙在起防寇安民作用的同时，文化也渐渐浸润其间，丰富了城墙的文化内涵。位于镇区的过化门顶上横书“先贤过化之地”，城墙边还嵌有两方石碑，一方写着“先贤过化之乡”，另一方写着“过化之区”。城楼窗户书有“礼义廉耻，国之四维”“四维既张，国乃复兴”等字句。如今，城墙作为防御匪患的功能已经不在，但是作为杉洋一段历史的印迹，会告诉我们杉洋的曾经。

↑ 敦仁堂

至今，杉洋尚存200多座明清时期的古民宅，多座古民居建筑舒阔深广，造型考究独特，装饰古雅精美。杉洋的古民居，多以堂字命名：积庆堂、环孩堂、光迪堂、聚德堂、敦仁堂、成德堂……还有的以厝取名：举人厝、姑娘厝、芙蓉厝等。

杉洋不止有古城墙、古祠、古厝，还有众多的古街巷、古商号、古寺庙、古宫观、古楼阁、古亭台、古廊桥、古碑刻、古井，等等，这些古迹，承载着杉洋厚重的人文，增添了古镇的韵味。

先贤过化之地，融自然景观与人文精神为一体，文风鼎旺、文脉绵延。

杉洋古镇地处交通要道，青峰叠翠，碧野连片，地理位置和自然资源得天独厚，吸引先辈前来立业，兴村旺镇。杉洋形成乡镇的文明历史，始于唐，兴于两宋，盛于明清，千载煌煌，直至于今，是名副其实的历史文化名镇。杉洋村是全镇的文化核心。就兴村姓氏而言，始以余、李，继以彭、林，四姓各占一方吉地，和睦相处，最终形成八境安居的格局。安定的环境孕育卓越的人才和良好的学风，大儒朱熹曾应杉洋学子的邀请，两度来杉洋讲学，为杉洋的文化和社会发展作出巨大贡献。

↓ 阡陌相连

# 第一章
# 先贤过化的千年古镇

# 千年古镇

## 山乡形胜

“蓝田好，仙路入桃源。秀水一条银带绕，奇峰四面玉屏环。人在洞中天。”宋代名士李廷芳到杉洋时，写下了赞美杉洋的《望江南·蓝田十咏》。杉洋之所以能吸引诸多姓氏先人前来立业，兴村旺镇，与杉洋优越的地理环境密切相关。杉洋为古田县东部丘陵谷地，海拔620米，四面青峰叠翠，蓝田溪穿越腹地。蓝田溪属闽中第二大江敖江的上游，源于杉洋镇白溪村的万亩草场，越三井瀑布，由幽壑深涧奔腾而下，流经杉洋全域，河面宽阔平缓，水量充沛。河两岸地势平展，连片的良畴碧野，宜耕宜牧。

杉洋自古以来有“三阳”“蓝田”“三关”等雅称。“三阳”

↓ 象峰山

者，是因为唐天宝年间杉洋余氏始祖余焕自江西鄱阳迁至福建建阳，第三次才定居此地，所以取名“三阳”。“蓝田”者，是因古时杉洋属古田县的青田乡，古田县因田产青玉而称玉田，杉洋这一带多产青石，白居易诗句有“青石出自蓝田山”。杉洋地理位置优越，有古官道相通，历代为关防要地，置驿站、捕盗馆、巡检司，周边有三大关隘设防，故又取名“三关”。后来又因杉洋四周山上杉林茂密，山下洋田连片，便名为“杉洋”，沿用至今。

杉洋山川钟灵毓秀，蕴藏“蓝田八景”之美。杉洋西面的狮岩山雄峙如狮，冬日时有积雪，此一景为“狮岩凌雪”。镇东面的象峰山危岑如象，斜晖披霞，谓之“象峰夕照”。象峰山之左一峰突兀，石级直上云表，谓之“云梯接汉”。象峰山上有一处两旁危崖壁立，形成幽深狭长的洞穴，这一景被称为“一线洞天”。镇东蓝田书院后山则独占二景：山上有一石洞，时见白云缭绕，景名“古洞留云”；山崖上有一池沼，活水源源而注，每当月出东山，静

↑ 万亩草场

↑ 凤林栖霞

↑ 良畴碧野

影沉壁，这一景被称为“天池引月”，朱熹到此观景，在岩壁上题“引月”二字，落上他晚年最后的一个名号“茶仙”。杉洋南面有山如凤，名叫凤林山，山上朝夕凝霞不散，又得一景，叫作“凤林栖霞”。南面有三峰联峙，形如骏马，被誉为“马首嘶风”。

“蓝田八景”为杉洋名胜，古往今来文人墨客吟咏连篇，又为杉洋自然风景增添了不少人文景观。

## 四姓兴村

杉洋优越的地理条件，自然为先民所青睐。

从杉洋出土的印纹陶片、石箭头以及石渔网坠考证，杉洋在殷商时期就有先民在这里凿井而饮，耕田而食。传说杉洋曾有三十六庄人家，这一点从古代流传下来的地名以及在多处发现的废基断垣可以得到印证，但这三十六庄，仅仅是散居而已，未形成大村落。

杉洋形成乡镇的文明历史，始于唐，兴于两宋，盛于明清，千载煌煌，直至于今。杉洋村是如今杉洋镇区的所在地，是杉洋镇文化的起点与代表，也是杉洋镇的主村。就兴村姓氏而言，始以余、李，继以彭、林，四姓合居，最终发展为古田县东部最大的历史文化名镇。

余氏只今丞相裔，李家原是帝王孙，文韬武略出彭林。

杉洋《余氏总谱志·肇迁始祖传》记载：“始祖讳焕公，本系泗州下邳郡。先君镃公原建阳令……唐室纷更，禁制（指酒税等）严厉，甚非栖身之所……不得已携弟仲甫，由建阳而抵玉邑（古田县），寻山问水，亲诣杉洋……”余焕初到杉洋，便开基建宅于溪

↑ 余焕墓

东，即俗称“岭兜”的这一块地方。至今在这里仍可寻见当年的废基断垣、石床古木。

余氏从岭兜这个原点出发，以耕读传家，文武并举，一代代生息繁衍，瓜瓞延绵，到了宋代已成为杉洋最大的望族，至今已繁衍至四十几代。随着家业兴旺和人丁增长，在不同时期，部分余氏族人或仕官，或避乱，或另谋佳处，便有一批又一批的后裔外迁，另立根基。所以，在全省乃至省外都有杉洋余氏后人，与杉洋余氏连枝竞秀，人才辈出，如北宋名臣余靖、太宰余深等，都是杉洋余氏后裔中的出类拔萃人物。

↓ 余氏始祖余焕墓

接踵而来的是李氏。杉洋李氏始祖李诲是唐皇室后裔、唐开成二年（837）状元，曾任福建观察使。时逢黄巢起义军举兵南下，杀戮皇室。李诲为避乱，更名邦，曾逃往浙江龙泉；又因浙江寇发，便与兄李话携家眷返闽，一路寻至古田杉洋，嘉其山川秀丽，四野宁静，便在杉洋溪东宿林墩这个地方立足开基，终成望族，至今也已繁衍四十多代。李氏在杉洋人丁聚集，也有许多族人不断外迁，其后裔分布省内外数十个地方。如南宋学者李侗、名臣李弥逊等，都是杉洋李氏裔贤。

相继迁入杉洋的还有彭氏。杉洋彭氏始祖彭官，字公信，五代时期闽王王审知去世后，闽王朝乱政，闽王易位，为表安抚，后唐命彭官之父彭金发兵福州。彭官随父亲入闽，在闽侯居四载。后来彭官游历闽中山川，见古田杉洋山清水秀，便卜居杉洋枫塆。于是

↓ 李氏始祖李诲墓

彭氏也很快与先期开拓杉洋的余、李两姓融为一体。

林氏来杉洋时间较晚。杉洋林氏开山祖林孟卿原在福清以经商起家，后因避海乱，舍田弃屋，于清康熙三年（1664）从福清来到杉洋。看到杉洋人烟稠密，社会稳定，便在杉洋立足，仍以经商发家，更以文武之道立世。林氏出了治台总兵林承昌和他的儿子抗英英雄林朝聘等名人。

此外，还有谢氏、许氏、卢氏、戴氏诸姓都曾落户过杉洋，但后来又都迁居他处。现今，杉洋主要由余、李、彭、林四姓合居。

## 八境安居

杉洋余、李、彭、林四姓聚族于斯，各占一方吉地，和睦相处，终于形成八境安居的格局。所谓境，是乡村中人丁聚居的区域。杉洋八境相邻，依山临溪，面向大片洋田。杉洋镇按族姓分境，余氏有云路境、桥西境、梅亭境、登云境，李氏有龙潭境、鳌头境，彭氏有登瀛境，林氏有岚峰境。八境之内，古民居鳞次栉比，各境居民点分别以五街十巷为界。街衢巷道均以石板或大溪石铺成，纵横交错，串联着八境的千家万户。当我们漫步在被古人脚板磨得光滑如镜的石路上时，一股乡愁便油然而生。八境之内五街十巷商铺林立，在各境又建有本族的庙、祠、宫、观、亭、阁，点缀于连片的古民居和古街巷之间，形成极有文化韵致的古村。

↑ 鳌头境宫

千百年来，八境比邻，房舍相连，

↑ 桥西境

鸡犬之声相闻，同姓相亲，异姓相睦，出入为友，守望相助，真可谓“人在洞中天”。

杉洋八境，基本上都在三里城墙之内，即杉洋镇区之中。后来各姓人丁兴旺，人口上万，村落便向外拓展延伸，形成以八境为中心的大乡村。作为主村的杉洋村不断发挥着作用。原本居住在杉洋村的一部分族人外迁邻处，另开基业，也与杉洋主村形成一体。

如今的杉洋镇，占地258.96平方千米，人口三万多，下辖22个行政村。值得关注的是，这22个行政村中，有不少是由杉洋主村姓氏的后裔外迁而形成的村落。这些村落同样历史悠久，人文

↓ 云路境

深厚，与杉洋主村形成众星拱月的大观。由余氏后裔外迁当地形成的村落有远地村、洪湾村、楼下村。其中，洪湾村被列入第五批中国传统村落名录。由李氏后裔外迁形成的村落有夏庄村、利洋村、溪门村、白溪村。其中，夏庄村被列入第五批中国传统村落名录，至今还保存有古城墙；利洋村为县级农村建设示范村，以石拱古廊桥闻名；溪门村以保存宋代大型摩崖石刻《龙井记》闻名；白溪村有千年历史，被列入第四批中国传统村落名录，以万亩草场成为旅游胜地。岭里村谢氏肇迁而形成大村落，以古厝、古祠、古戏台闻名，被列入第四批中国传统村落名录。珠洋村许氏，元末曾避乱杉洋，后迁居珠洋。珠洋村历史悠久，民风淳厚，崇尚耕读，也被列入第五批中国传统村落名录。

↑ 夏庄古城墙

↑ 白溪草场

以上村落，与杉洋主村都有深远的亲缘关系和文脉传承，其他多个行政村也各有历史文化内涵，各具特色。它们都在共同编织着杉洋古镇的历史文化，共同打造和繁荣杉洋这个中国历史文化名镇。

# 先贤过化之乡

杉洋百姓历来以身为杉洋人而感到自豪，其原因是杉洋为朱子过化之乡。朱子文化成为杉洋民众共同的文化自信。先贤过化给杉洋带来了文明和兴盛。

## 文星降临

↑ 朱熹像

↑ 蓝田书院碑刻（朱熹手迹）

朱熹是继孔子之后著名的思想家、哲学家、教育家、理学家，是儒家集大成者。朱熹曾两次来杉洋讲学，自然使杉洋声名远播。旧时杉洋城门的西门被称为过化门，城门门额上题写“先贤过化之乡”。镇区内当年还立有“宋朱文公遗迹”碑。如今，在进入镇区的大路边有一块刻石，同样刻有“先贤过化之乡”六个大字。

历史时空回溯到南宋淳熙十一年（1184）。朱熹在武夷山讲学论道时，古田就有一批儒士学子投奔朱门，成为朱熹的得意门生。朱熹应杉洋籍门人的邀请，曾经来到杉洋讲学。那时，八闽最古老的书院杉洋蓝田书院经重建和整顿后，文运方兴。朱熹到此讲学，使蓝田书院文风大振。在此期间，朱熹就为蓝田书院题字、题联。朱熹能来到古田边远的山乡讲学，自然是杉洋人莫大的荣幸。也许是老天特别眷顾，过了十几年，朱熹又来杉洋了。

↑ 蓝田书院旧貌

朱熹第二次来到杉洋，是在南宋庆元三年（1197）春。其时，朝廷奸臣韩侂胄大权在握，把程朱理学斥为“伪学”，对朱熹等一批人横加迫害，大有“焚书坑儒”之势，朱熹被落职罢祠回到建阳，处境十分险恶。这时，古田籍门人把朱熹保护到古田避难，家在杉洋的门人余隅、余范等人又一次把朱熹迎请到杉洋来避难讲学。这次的规模和影响，非前次可比。古田以及闽东的朱熹门人闻风而来，在蓝田书院内设有十八门人公座，朱熹女婿黄榦，朱熹的古田籍高弟林用中、林允中，以及闽东长溪（今福安市）的杨复、宁德的龚郯等理学名士都在其中。本地和邻县的读书人也闻风纷至沓来，门墙桃李数百人。

朱熹在蓝田书院讲学之余，还到杉洋村西的擢秀斋、鹤塘镇的兴贤斋讲论。万历版《古田县志》记载，“庆元间韩侂胄禁伪学，（朱熹）游寓古田，宗室诸进士与其门人构书院延而讲学，往来三十九都徐廖两大姓，螺峰、浣溪、杉洋诸所皆其游息而训诲也。文公尝曰：‘东有余李，西有黄魏’，盖自纪其众乐云”。三十九都，就是指杉洋及周边乡镇。所谓“东有余李”，就是杉洋镇两大望族余氏和李氏。

朱熹在杉洋讲学期间，留下大量的墨迹，成为杉洋的文化瑰宝。“蓝田书院”四个大字就是朱熹所题，从而使蓝田书院名扬千载。在蓝田书院内有两方匾额，一方为“鸢飞鱼跃”，另一方是

“寒竹风松”，也是朱熹手笔。特别是，他为书院正厅壁题有两副楹联，一副是“春报南桥川叠翠，香飞翰苑野图新”，另一副是“雪堂养浩凝清气，月窟观空静我神”，所书内容都是对应蓝田书院坐落之处的实景。蓝田书院于“文革”时毁于大火，幸好有人把这两副对联及“忠孝廉节”四个大字墨迹描摹到杉洋李氏祠堂的后厅壁上，使朱子的手迹得以保存。朱子为擢秀斋写的对联“碧海开龙藏，青云起雁堂”，当时即被余氏族人木刻后嵌在书院门边。书院损毁后，这副木刻对联被余氏后人收藏，视为至宝，一代代地保存至今。

### 人才辈出

先贤过化，朱熹在杉洋成就了一大批优秀人才。

↓ 蓝田书院

在朱熹未到杉洋时，杉洋就有一批学子成为朱门高弟。

余隅、余范是早年就跟随朱熹的杉洋学子，师生关系密切，是朱熹的得意门人，并称“二余”。他们在外为官廉政爱民，在乡办学则卓有成效。此外，还有余叟、李昂等人，也先后成为朱熹的弟子。他们是朱子理学在杉洋的第一代传人。

朱熹两度在杉洋讲学后，杉洋更有一大批读书人聆听朱熹讲论，亲炙门墙，形成一个传承朱子理学的群体。

朱熹两度来杉洋讲学论道，名人效应促进杉洋文风日盛，科第蝉联。状元余复就出在朱熹第一次来杉洋讲学之后。朱熹第二次来杉洋的影响更深远，文化教育出现质的飞跃。特别是后来程朱理学被朝廷奉为官学，朱熹的《四书章句集注》被诏定为取士的标准，朱子学成为科场程式，杉洋读书人对朱子的理学思想、治学精神、教育方法等更有亲切感，可以说朱子精神影响和成就了一代又一代的杉洋读书人。先贤过化后的科举时代，杉洋就出了40多位进士、举人和贡生，秀才则比比皆是。其中获授官职的，大至朝廷名臣，小至地方官吏，有百余人，他们犹如闪烁在杉洋历史天空中耀眼的繁星。

## 圣贤崇拜

朱熹晚年在杉洋讲学时间不长，但朱熹在杉洋留下的影响是巨大的。杉洋人历代以来都尊朱熹为圣人，与朱子有关的人物也获得杉洋四大姓氏一致的认同与尊重。在朱熹讲学过的蓝田书院和擢秀斋以及魁星阁，历代都供奉朱熹的神像，每年春秋设祭。在一些书香门第家中，也设有朱熹的神位。祭祀仪礼很简单：一碗麦饭，一杯清茶，一碟咸菜，一炷清香。麦饭、清茶、咸菜是朱熹当年在杉洋讲学时日常简朴的饮食。

在杉洋民间，朱熹讲学的故事被演化出许多神话故事口口相传。其中有一则朱笔网蚊的故事是这样的：蓝田书院在山野之中，夏日蚊子又大又毒，常常困扰学子读书。朱熹在学生们的蒲扇上用朱笔题写了一个篆文“网”字。说来也神奇，蚊子经蒲扇一扇，都躲到屋角去了。杉洋至今很少蚊子，人们都说是被朱子的朱笔给网走了。

除了朱子崇拜，杉洋还有与之相关的康太保崇拜、杨易崇拜。

↑ 槐庙

朱熹在杉洋避难讲学时，朝廷派大内高手康太保追捕朱熹。康太保来到杉洋，暗中察看朱熹在众学子中讲孔孟之道，饭桌上只有一碗麦饭、一碟咸菜、一杯清茶。康太保敬佩朱熹，不忍加害，又不愿违逆朝廷，只得自杀。乡人感念他，把康太保树为忠义的典范和朱子的守护神，建了一座太保庙，使康太保成为杉洋四姓特有的神祇，历朝历代香火不断。

杨易，字明善，浙江人，曾任兵部侍郎，因与朱熹同为理学一派而被贬至杉洋任巡检。杨易在杉洋清正廉明，爱民如子，坚持理学，去世后，被杉洋合乡百姓奉为通乡拓主，尊为“都城隍”，每年都有盛大的纪念杨公诞活动。崇

魁星阁

祀杨公的槐庙，成为四大姓共同议事、保家兴乡的“乡约堂”。

## 重教兴学

先贤过化对杉洋的影响深远，赢来四姓对朱子文化的认同，共同建设精神家园，形成“人文崇孝悌”“家贫亦业儒”的风尚。

旧时杉洋许多耕读人家的正厅堂，都挂有一幅《朱子家训》，到了清代，则换成朱柏庐的治家格言，民间也尊称其为“朱子家训”。家训两侧配以朱子手迹“忠孝持家远，诗书继世长”或“行仁义事，读圣贤书”之类的对联。朱子在杉洋讲学的神话般的故事，在杉洋民间口口相传，在杉洋民众中形成尊崇朱子、尊崇朱子理学的浓厚文化氛围。

杉洋读书人有一个共同的特点，不喜欢仕途奔竞，而注重对子弟的教育训诲，诗礼传家。杉洋人家常用的一副楹联内容就是“奉贤圣一炷清香必诚必敬，示子孙两条正路惟读惟耕”。早在五代，余仁椿从永贞县令任上辞官归里，把田产奉献家乡，创办了蓝田书院。任后唐尚书法曹的余球，也辞官“以绍箕裘而传后代”，建成训诲本族子弟的“蒙养室”。朱子来杉洋讲学论道后，轻富贵重教育的理念更为突显。朱子一心做学问、一生办教育的思想对杉洋读书人的影响更加深刻。

因此，杉洋读书人这一群体，即使出仕为官了，也总是想着要回家乡办学。所以杉洋的书院、私塾、学堂特别多。这成为杉洋文化底蕴特别深厚的重要因素。清代名士余士庵考中秀才却不求仕进，在杉洋办“下礼斋”学馆，萨镇冰称他“道德神仙”。清代余泽先贡生出身，曾任过府学教授，却辞官回乡办学馆，在一家子弟中培养出四贡生一秀才。这样的例子还有很多。

由于本土人士热心乡梓教育，也吸引了一批外来的仁人志士扎根杉洋，长期在杉洋设馆办学，和当地优秀人物共同打造杉洋的历史文化。闽县举人刘云章就是其一，他在杉洋设馆数十年直至终老。

清乾隆年间《古田县志》载："至朱晦翁避地至此，羲文周孔之道洋溢溪山，理学文章甲于他邑，而忠孝义烈之风至明季而大畅。""自宋至今，士君子敦本务实，小人食勤啬用，守朱紫阳遗训，冠婚丧祭，犹醇朴之风。"

清代福建省学政、翰林侍讲学士朱珪到蓝田书院视察时，为蓝田书院写下碑文，称杉洋诸生"抑知文公之所以为教，以求人之所以为人者，曷在？盖古今无二性，而知行无二学。义利明则趋向正。由是而上溯进德居业，知几存义之真传，庶不悖乎希贤希圣之士也夫"。

清代古田县令万友正在《重建蓝田书院序》中称杉洋："其秀者敦诗书而尚礼义，朴者安谨愿而守耕凿，休休乎太古之风。"

民国时期著名海军上将萨镇冰写下一首《游大东杉洋》的诗："杉洋胜地快登临，朱子祠前望翠岑。林壑清幽里野辟，先贤文化入人深。"

朱子文化受到杉洋全镇士民的一致认同，成为杉洋四大姓氏望族兴村的精神支柱，维系着四姓的和睦相处和共同守望。

由于朱子有关忠信孝悌礼乐诗书的教诲在杉洋民众中扎下思想根基，尊师重教之风在杉洋代代传承。千百年来，杉洋四大姓之间，杉洋与周边乡镇乃至外县的关系都具有以和为贵的包容意识，众人共同打造杉洋人文环境，学风、宗风、乡风都很浓厚。

## 商业兴镇

杉洋凭借得天独厚的环境和所处的特殊地理区位，历代以来，农业、商业、手工业都得到长足的发展。在明清兴盛时期，杉洋聚族数千家，人口逾万。商业兴镇是杉洋的经济特色。镇内长街大道商铺林立，茶行酒家五六十家，油行数十家，制曲的曲埕达百余口。杉洋因地连五县，官道相通，历代商旅络绎不绝，货物交流频繁，是古田县富庶的大乡镇。

如同杉洋制曲业的发展促进杉洋酒业兴盛一样，杉洋的文化积淀便是杉洋经济繁荣发达的催化剂。杉洋人懂得如何以文兴业、发家。

杉洋历代读书识字的人多，很多读书人都走上经商之路。他们受理学思想的熏陶，在商业经营上知仁、明义、重道、循礼、守信、贵和，在商业共同体内各营其业，既有包容意识，也擅长商业

↓ 杉洋镇新街面貌

竞争，共同创造商业大镇的繁荣。

清代的余题，人称麻题伯，贡生出身，曾获钦加同知衔，他看淡功名，却看好杉洋的酒业。他以质量第一、诚信第一为经商之道，成为远近闻名的酒业商人。杉洋四乡八邻一直流传一句话："麻题伯的酒就是好。"这是从一则故事中来的，说的是邻村一位父亲叫儿子去打酒，交代一定去麻题伯店。他的儿子在返回的路上遇雨，就在一家屋檐下躲雨。他禁不住酒香的诱惑，便偷喝了几口。他害怕被父亲发现，就把酒瓶对着屋檐盛了一些雨水。回家后，父亲接过酒瓶就喝了几口，连连称赞说："麻题伯的酒就是好。"可见杉洋人多么认可麻题伯的酒。

杉洋是古田与周边邻县的交通中转站。古代古田人把粮食、红曲、茶叶、山货运往宁德等沿海县份，从那里换回食盐、海产，他们常走的路被称为茶盐古道。古人贸易往来全靠肩挑，人们因此称之为"担回头"。杉洋是当年茶盐古道的中心站，是来往客商必经、必驻之地，自然也形成了交易市场。杉洋客栈林立，商家以和为贵，以诚待人。担回头人跺杖敲击石路的"笃笃"声和异乡不同口音的招呼声，都给杉洋带来贸易的繁荣。

杉洋以文化兴镇、文明兴镇促经济兴镇，历代以来名声在外。因历史上古田县域辽阔，从明至清，朝廷都有另设新县之议。清雍正十三年（1735）终于从古田划地另建屏南县。从地理区位和人文底蕴以及经济基础来看，杉洋都有望入选县治。但杉洋人希望保持安宁和谐的小社会，不大愿意朝廷在此设县治。据说当时选址要考察一个地方的地力厚重与否，要以称土样重量的方法来测试当地的"地力"厚薄。杉洋人在土样中掺入炭粉，土样重量轻，因而落选。

杉洋肇于唐，兴于宋，盛于明清。明清时期两度筑城，在纵横各约380米的城池内，形成以城门之间横直大街划片，内部巷道交错的格局。余、李、彭、林四大姓划区聚居，分为八境，余氏住城北云路境、梅亭境和城南登云境、桥西境，李氏住城南龙潭境、鳌头境，林氏住城南岚峰境，彭氏住北门登瀛境，形成“四姓八境”独特街巷格局。镇内街道有仁政街、十字街、龙潭街、桥头街、后街。现连片保存270多处明清传统建筑和近代建筑，包括城墙、桥亭、宫庙、祠堂、民居、商铺等建筑。

↓ 文昌阁

# 第二章

# “四姓八境”格局下的古建筑

# 城垣古井

自余氏始祖最早兴基于岭兜，杉洋便成为旺族的发祥地。明弘治年间，杉洋学习古田县城，依山临溪修筑三里城墙。此时城墙之内，居民辐辏，万灶人烟，栋宇叠起，街市密布，古道纵横。还有三十几口古井，知名的有月爿井、竝福井、天一井、巷里井等。

## 岭兜遗址

岭兜遗址在杉洋村东，因地处蓝田溪之东，故称溪东，有杉洋余、李肇基始祖卜居杉洋的部分遗址。《余氏总谱》载“唐天宝十四年，杉洋余氏始祖”“开基宅于溪东”，即今岭兜及周边地带。其祖祠之一“达德堂”即在其中，内祀余氏始祖余焕之八弟“唐迪功郎仲甫公偕妣陈夫人之神位”，该祖祠后经重修，前有戏台遗址，存有戏园包厢建筑。唐中和元年（881），李氏始祖亦途经杉洋，投宿宿林墩，开基溪东洋。今岭兜一带沿山坡有数十处墙基、屋地遗址，并有唐时砖砌葫芦门残存建筑。

岭兜遗址之西有岭兜宫，为清同治十二年（1873）重建，内祀杨相（杨易）尊公、蓝田总管舍人爷、康太保和天仙圣母（陈靖姑）；岭兜遗址后山有大圣殿，修建年代不详。

## 古城墙

杉洋古城墙为石砌，上筑土墙，始建于明弘治年间，清咸丰年间重修，长三里、高一丈五尺、厚一丈，城设八门，城上有楼，置炮台五座，城下护以女墙。这是古田县除县城外唯一的城池，在全省乃至全国的山乡僻壤也是少有。

清道光年间，城墙坍圮大半。清咸丰初年，地方匪寇侵扰频繁，有识之士余忠国首倡修城，因朱子在蓝田书院讲学，改西门为过化门；因南门面对杉洋溪古廊桥仁寿桥，改南门为仁寿门；为防火灾，改北门为天一门，取“天一生水”之义。其原有的四座便农门，也各有雅称，大东门改为象峰门，小东门改为拱璧门，小西门改为真武门，洋中门改为凝望门。翰林院庶吉士曾光斗撰有《蓝田修城记》，对修城墙有精到描述。

杉洋四个大城门均为拱形门，总高一丈二，宽九尺，全部用条石砌成。门拱的上部仍铺以条石，作为城楼的基石，城楼就建在大

↓ 杉洋古城墙

门之上。四个城楼在城门上屹立，都很壮观，为砖木结构，高一丈二，楼顶四坡，四面飞檐翘角，有凌虚之势。左右两个楼门直通两侧城墙，这两侧城墙靠近城楼的部分还筑有城垛。城楼前后都开有通窗，作为瞭望窗。村西的过化门和门楼最具文化内涵，城门顶上横书“先贤过化之乡”十分醒目。城墙边还嵌有两方石碑，一方是朱熹高弟林择之写的“先贤过化之乡”，一方是朱熹高弟杨复（长溪人）写的“过化名区”。城楼窗户边书有“礼义廉耻，国之四维”“四维既张，国乃复兴”等字句。

## 古井

据杉洋文士余廷章于清道光十九年（1839）的笔记载，杉洋在元代原有卢姓人家在小西门一带地方居住。田野中有一白泉从黄沙中涌出，泉池为半圆形，卢家修之为井，井背面为崖壁，前为双重石井坪，均为月爿形，井坪有双重排水沟，外围筑有井栏，以防泥水浸入。井口呈半月形，雅称“月爿井”。

↑ 竝福井碑

明永乐年间，杉洋余氏十九世祖觐公移小舍房之家庙，新建宗祠“三才堂”，从此风水大盛。而此时卢姓则日趋衰败，以为是风水所致，就另卜吉地外迁。

今环城北路坂云路境庙前有竝福井，井壁高0.55米，宽1米。井栏石上刻有书法精湛的“竝福”两个楷体大字，上款为“道光十六年”，下款为“彬野公派下立”。“竝”即“并”，为通假字。“竝福”就是合福、合族共福的意思。另外，竝福井的背后立着两方捐资碑，还有一个如今极为罕见的字纸炉。井、碑、炉合为一处，咫尺之地凝聚着古文化的精华。

焕公祖祠旁有一巷里井，雅称香水井。之所以有香水之名，可能是与麻题伯酒有关。清乾隆年间，余题（乡人称麻题伯）在后街开设“瑞安酒库”，他用巷里井的水酿酒，酒香四溢，传为井水甘淳所致，所以后人称巷里井为香水井。

文昌阁附近的天一井，为余氏先人所凿。井以天一为名，也是取“天一生水”之义。

↓ 竝福井

# 古祠堂

杉洋余、李、彭、林四大姓先后在杉洋兴基立业，逐代本支蕃萃，成为大姓旺族。为感念祖德宗功，他们各自在繁衍生息的吉地立庙建祠，成为各姓氏合族的宏愿壮举。

杉洋四大姓，五大祠堂，各占一方风水宝地，环境优美，规模庞大，祠貌庄严，殿宇宽敞，建筑艺术精巧。另外，珠洋村许氏宗祠也是古朴典雅，联匾等各类文字琳琅满目，文化氛围十分浓郁。一座祠堂，就是一部辉煌的宗族史。杉洋祠堂文化，被专家学者赞为“全国罕有，全省独有”，古祠堂古迹古貌古色古香，其自然景观与人文景观交相辉映。

## 凤林祠

凤林祠坐西北朝东南，始建于唐天祐二年（905），唐天祐四年（907）改建，后周广顺元年（951）扩建，后毁于大火，经多次修建扩建成现在规模，占地面积近3000平方米。

凤林祠为宫殿式木结构建筑，前后三进，主体建筑依山分五级台基而建，依次为大埕、月台、门楼、大厅及主厅，通进深约112米，面阔约21米。左侧有香火院两进，进深约32米，面阔约24米。凤林祠外观气势恢宏，内则流金溢彩，是福建十大名祠之一。1986年，凤林祠被公布为古田县首批县级文物保护单位。现凤林祠主体格局保留完整，内部基本保持历史原状。

凤林祠正门两侧有石鼓一对，大门上有匾额“李氏宗祠”。正门左边的“尚书门第”，右边的“理学家风”由李氏后裔、著名书画家李若初书写。门联“俎豆千秋垂庙貌，簪缨万世仰宗风”，为民国时期福建省省长兼督军李厚基撰书。门厅后左右两侧分别是宋元两代古碑石两块，左是宋绍定四年（1231）立的“李氏祠堂记”碑刻，右为元至治元年（1321）立的“李氏重建祠堂记”碑刻。后厅壁有宋代理学家朱熹“忠孝廉节”墨迹和“春报南桥川叠翠，香飞翰苑野图新”“雪堂养浩凝清气，月窟观空静我神”楹联。

↑ 俯瞰凤林祠

凤林祠前还立有32副旗杆碣，右下方竖着7根高7米的圆形或

↓ 凤林祠

↑ 凤林祠的石槽

方形的石柱，它们为历代李氏后裔科试登第碑刻者所献，至今保护完好。还有高0.8米，宽1.2米、长7米的巨型石槽两条，是北宋崇宁年间遗物，为全国罕有，如此庞然大物对于研究古人在艺术与建筑史上成就有很高的价值。

## 蝉林祠

蝉林祠坐落于蓝田八景之“狮岩积雪”之下，占地面积3300平方米，分祠堂与香火院两部分，创建于宋景德四年（1007），是奉祀杉洋余氏第五世祖余禂的千年宗祠。

蝉林祠现存建筑为清咸丰二年（1852）至同治五年（1866）间扩建，1982年至1987年又陆续修葺。主建筑坐东北朝西南，前后四进，依次为门埕、状元坊、仪门、大厅、祖厅，通进深约88米、面阔约22米，大厅及祖厅均为进深七柱，面阔五间，左侧有单进香火院，整体结构保存完好。

↑ 蝉林祠

据余氏族谱记载，余氏第五世祖余禂后唐时官任银青光禄大夫、吏部尚书，于北宋建隆年间在狮岩山建仙岩寺，延请高僧住持。宋太平兴国四年（979），余禂逝世后因“能动灵响，寺僧奉为伽蓝神”，于法堂之北创祠堂五间，奉祀余禂，即为禅林祠。清嘉庆十八年（1813）大修，改禅林祠为蝉林祠，取科甲蝉联之意。清咸丰二年（1852），以余为陶为首的理事会集广东、福建等各省族亲的财力人力，耗费巨资，进行最大规模的修复，前后历经十五年，直至清同治五年（1866）竣工，形成如今恢宏壮观的规模。全祠四进三天井，中厅共有11个天花藻井，当地俗称“旋天凤凰池”。中央藻井结构达到48旋之多，全部采用榫卯结构，再由八个藻井拱卫，堪称古典建筑奇葩。因为十三世祖余复高中状元，祖厅前原有的“功名石”已揭开，后代子孙可以直接从正面进阶谒祖。

蝉林祠前原有“旗杆礴”70多副，现仅存43副。蝉林祠计有楹联22副，有范仲淹的“八贤望重家声远，三谏名高世泽长”和“溯金紫宗风理学乡贤堪济美，绍银光世德状元宰辅允联芳”等名

↓ 蝉林祠

联，当代学者余秋雨先生题写“余氏蝉林祠”匾。蝉林祠还珍藏有一部完整记载杉洋余氏千年传承历史的家族谱志，经过四十几代人的十三次精修完善，其中许多重要文献填补了地方志多处空白，成为宝贵的历史文化遗产。

### 彭氏金公总祠

彭氏金公总祠坐落于杉洋镇杉洋村，始建于元代。

925年，闽王王审知去世，儿子王延羲和王延政互相争斗，导致闽地大乱。946年8月，闽国灭亡。在南唐和闽国的争斗中，入闽开基始祖彭金于935年携带15岁的儿子彭官发兵入闽，《登瀛彭氏续修谱序》载：“宦寓福之西湖，四载后往宁邑，因过杉洋，爱其佳山水，遂卜于枫塆居。”彭氏金公总祠正是为了纪念

↓ 彭氏金公祠

彭金而建。

彭氏金公总祠早期规模宏大，但在朝代更迭中，祠堂几经修葺和变动，地基面积大为缩小，结构简陋，一度被人称为“彭氏大厝”。1958年修建宁古路时，有1000多平方米的彭氏金公总祠的前厅部分被拆，仅剩520平方米。1993年，杉洋彭氏重建彭氏金公总祠，1995年12月落成，新续修族谱封笔。

## 联珠祠

联珠祠是杉洋林氏宗祠，位于杉洋村北秦厝坪，建于清道光年间。1950年秋续修族谱，为有别于林氏福清始祖德成公岚前祠，命名为联珠祠。

联珠祠坐西北朝东南，通进深54.0米，面阔35.3米，占地面

↓ 俯瞰联珠祠

↑ 联珠祠

积6000平方米，建筑面积约2300平方米。中轴线上依次由门楼、前天井、中堂、后天井和正堂组成。后部设神龛，供奉始祖牌位。后天井两边带廊，中间为功名石。联珠祠是一座规模较大、保存完整、文化内涵丰富的清代建筑。附属建筑林氏家塾位于联珠祠右侧，两进合院，由门房、天井两厢、塾厅及后院文昌阁组成。道光二十三年（1843）杉洋《林氏族谱》载有林士溶撰写《创建宗祠记》，建筑物共有七座，分别是：宗祠（上、中、下）、文昌阁、大士阁、书斋（林氏家塾）、祀香厝。

祠内辟有抗英英雄林朝聘纪念堂，再现林朝聘在内忧外患时期丹心报国的历史事迹。联珠祠于2013年1月被福建省人民政府确定为省级文物保护单位。

## 三阳余氏总祠

三阳余氏总祠也称三才堂，坐西北朝东南，是奉祀杉洋拓基始祖余焕祠堂。

据族谱记载，余焕在唐开元天宝年间开基三阳溪东，即今杉洋岭兜，后选中回龙岗，即今总祠位置定居，宋建隆年间经扩建，明洪武间不幸遭受火灾被焚。十九世小舍房（杉洋余氏云路房）余觐为首复建为祠，除了供奉始祖余焕神位外，把十一世小舍房登公奉为房祖进祀，起名为“三才堂”，取“三才者天地人”之义。明万历三十九年（1611）二度遭火灾，后由二十五世小舍房余彬

↑ 余氏总祠

野发起重建。清乾隆二十六年（1761）再次遭火灾，同年由三十世余桂宾等重建上座，直到嘉庆十年（1805）方才由三十二世余车初等组织续建下座。抗日战争时期，祠堂被国民小学借用为教师宿舍使用至20世纪五六十年代。1979年又一次遭遇火灾，化为废墟。

杉洋余氏后裔遍布闽粤浙赣及海外，人数达几十万之多，总祠下分芝山、香林、蝉林三大宗祠，分支祠无数。1993年，杉洋余氏理事会集全体族人之力，再次重建祠堂的上座祖厅，起名为“焕公总祠”。2012年，余氏理事会再度集资重建总祠下座及重新修葺上座，各地支祠及宗亲纷纷慨慷解囊，踊跃捐资。2015年10月，耗资400多万元、占地面积1600平

↓ 余氏总祠内景

方米的祠堂竣工，更名为“三阳余氏总祠”。

三阳余氏总祠内高悬“下邳源流”“状元及第”“三阳开泰”等众多匾额。由各地宗支祠堂敬献的覆竹楹联22副，还有学者余秋雨题写“杉洋千年祖迹，焕公百世余荫”对联。

## 许氏宗祠

许氏宗祠地处杉洋镇珠洋村，珠洋古称珠浦，含合浦还珠之意。

宋开宝元年（968），入闽始祖许令环第五代孙许彻（字伯通）携族人从罗源濮溪徙居珠洋，经过300多年的发展，“有十二房派，人文蔚起，家敦诗书，户尚礼乐”。元末战乱四起，百姓流离失所，许氏家族由盛转衰。明洪武二十八年（1395），幸存一脉许仕术“祖宗念重，无心仕进”，携妻带子（六子）回归梓里，重兴珠浦。清乾隆中叶，许氏先祖勘察地形，择风水宝地，筹建宗祠，并于乾隆五十三年（1788）竣工。祠堂坐北朝南，雄踞山头，门对笔架，秀水西流，庄严肃穆，巍峨壮观，景象万千。设义田（祭田），分房析派，轮流“收其义田之入，春秋岁按一年两祭”，拜祭列祖列宗。由是珠洋许氏财丁并发、根深叶茂、支派昌盛、瓜瓞绵绵。

珠洋许氏现分为三支宗四房祖，2015年许氏合族宗亲慷慨解囊重修许氏宗祠，占地面积约3000平方米，建筑面积500多平方米，建筑色彩以土坯的土黄色和瓦的青灰色为主，屋檐为单檐歇山顶，细部构件、木雕、斗拱精雕细琢，彩绘颜色艳丽，有古佛像、古牌匾等众多历史文化要素。村中另有许氏英公祠、许氏智公祠、许氏上宅祖厝、仕术许公故居等，各具特色。

# 古民居

杉洋人文历史悠久，殷周时期，杉洋已有先民生息。自唐至清，余、李、彭、林四姓相继肇基杉洋，世世代代聚族于斯，繁衍子孙，振兴家族。

杉洋古宅民居饱经沧桑代谢，曾屡遭损毁，唐、宋、元时期的老屋已荡然无存，明清时期是杉洋的鼎盛期，相继盖起了交相媲美的房屋，较其先祖古宅更为蔚然壮观。其民居建筑鳞次栉比，多为高墙深院，华堂敞厅，泥塑木雕，壮丽辉煌。至今，杉洋尚存200多座明清时期的古民宅，建筑舒阔深广，造型考究独特，装饰古雅精美，富有特色。

↑ 积庆堂门口

## 积庆堂

积庆堂在云路境，坐落于杉洋村积庆路，清道光年间余题建。

↑ 积庆堂

积庆堂坐西北朝东南，为六大扇二弄土木结构，建筑面积1400多平方米，平面前两层倒朝建筑、后单进合院，院前为四间雕窗书房，进院有横栏正门，木制回照，天井两边筑有花坛。一门朝北开，与百廿间朝南开呼应。

↑ 积庆堂匾额

积庆堂倒朝座面阔四间，进深两柱，合院大厅进深七柱、面阔五间，两侧梯弄，后厅两层，左右两侧还设有回厅及梯弄，前出四架梁卷棚游廊，前檐三跳丁头拱、方斗、透雕花卉大雀替，厅内前内金枋隔架连拱、一斗三升斗拱。各单体建筑隔扇、前檐等木质雕饰，精美细腻，玲珑剔透。左右两书院回廊通大厅，大厅宽敞明亮，地面铺设三合土，大厅两侧各有一个回厅，专供妇女待客之用。积庆堂是杉洋镇保持最为完整的民居建筑之一。

厅堂正中“积庆堂”匾额是清咸丰年间古田知县姚大元所赐，居中高挂雕有双龙的“奉天诰命”圣旨箱（圣旨无存，圣旨箱“文

↓ 积庆堂的防火墙

革”时被毁）。牌匾“枌榆扬辉”是晚清名臣左宗棠所赠。

### 百廿间

百廿间在云路境，清代建筑，因有大小房间120间，故称百廿间，为杉洋富商余金财建造。百廿间总占地面积约1600平方米，坐西北朝东南。厝左外有四棵300多年历史的大柳杉，厝右旁凿有鱼池，植以茶花、牡丹、芍药的大花园，厝内门前辟有近2000平方米的大谷坪，厝内还有仓房10间。主屋系大四扇二进二弄明厅土木结构建筑。厅堂有上下楼，两边为三层，并有回廊厢房，诸多房间紧密相连，错落有致。整座建筑宏伟壮观，是杉洋镇最大的民居建筑之一。

百廿间以主体建筑单进合院为核心，前建倒朝座，东侧建横屋合院，西侧建书院。南北至宽达54米，东西至深有32米。主体

↓ 百廿间

建筑单进合院由门廊、天井及左右厢、主座和后天井组成，通进深约25.7米，面阔约14.6米。其中天井厢房为两层建筑，主座进深七柱，面阔三间，左右设楼梯弄，前出四架梁卷棚游廊，明间作两层人字顶，次间有四层高，楼层较高，宽敞明亮。

## 环孩堂

环孩堂位于杉洋村龙潭境，取儿孙绕膝、人丁兴旺之义，为台（湾）澎（湖）挂印总兵林承昌及其子抗英民族英雄林朝聘故居。

环孩堂坐北朝南，独门深院，清道光年间建，系四扇二弄明厅二层木土结构。由四面围墙、门廊、天井及左右厢、主座和后天井组成，通进深约23米，面阔约16米，门廊为四架梁卷棚，主座进深七柱，面阔三间，左右设楼梯弄，前出四架梁卷棚游廊，外墙墙基砌筑讲究，做工精细。保留最完好的是大门门屏内侧精美的木雕

↓ 环孩堂

影壁，为龙凤呈祥、松鹤同春、牡丹富贵、喜鹊登门四幅原木浮雕，还有前檐墙内面华丽的泥塑及精雕细刻的悬梁、雀替、窗栏和檐饰。彩拱画柱，镂门刻窗，雕屏塑墙，大厅宽敞明亮，正圆大柱挺拔高耸，显得稳固凝重，雕梁画栋精雕细绘，观之古朴幽雅，加以窗户门框、屋檐墙檐山水人物花鸟装饰，更为绚丽灵动。厅旁两厢房、前后两书院错落有致，右边小门外一口水井，青石围栏，别有洞天。整座建筑整肃庄严，颇具儒将非凡气派。

↑ 光远堂与光迪堂

## 光迪堂、光远堂

光迪堂、光远堂是余为亨故居堂号，左右两座分别为光远堂和光迪堂，这是杉洋境内极其少见的双堂并建清代建筑。

这两座古民居是杉洋当年富商余为亨和他的几个儿子建造，占地面积738平方米，两堂基本保留了古代的规模和造型，建筑风格精巧雅致，飞瓦重檐，雕梁画栋。房屋是两进结构，分厅堂、正房、厢房，中有天井。

↑ 光迪堂

## 古书院庙堂

南唐余仁椿创立的蓝田书院（早期称东斋），由族塾、乡塾而后发展成为八闽最早的知名书院之一，更因朱子到此讲学而闻名于世。相继由朱子门人余范创立的擢秀斋（西斋），恰与蓝田书院东西呼应，如日月同辉，盛极一时。

杉洋各姓氏宗族都十分重视教育，家塾、族塾应运而生，余氏的蒙养室、林氏的家塾都是典型的例子。清代杉洋县丞余廷章的龙文书院，文士余士庵的下理斋，也是辉煌一时。文昌阁，就是当年办社学的所在地，种玉阁则是林氏家族的办学场所。近代外国传教士在杉洋办了两所洋学校：培英学校和育秀学校。近代颇具规模的

↓ 林氏宗祠里的种玉阁

杉洋国民小学，正是传承了杉洋的千年文脉。

杉洋余、李、彭、林四姓自兴基以来，各自建寺立庙，祈求合族繁昌。由于诸姓聚居，民众又有共同的诉求：合境安宁，百姓安居乐业。因此，杉洋有史以来对神、佛的信仰很盛行。除了信奉佛祖，还有玄天大帝、齐天大圣、龙王、孔子、关圣、陈靖姑，等等。对有功于杉洋的人物，如朱子、康太保、杨易等，都祀以为神，为之立庙。杉洋寺庙宫观随处可见，作为信仰，也体现了民众的感恩心理和向善精神；作为建筑物，又成为杉洋信俗文化的特色景观。

## 蓝田书院

蓝田书院是八闽最早的书院之一，位于杉洋镇北一千米处。杉洋余氏六世祖、南唐永贞（今罗源）县令余仁椿辞官返乡，于杉洋北门外，创建蓝田书院，并“留田七十余亩，岁入谷八十石”，以作“油灯田”，资助余氏族人子弟读书。杉洋《余氏总谱志·余氏重建蓝田书院记》载：“昔员外公余仁椿相地宜，创学馆，背乾向巽，萃山川之秀，额以蓝田。”后毁于兵火，宋乾道二年（1166）由余端卿发起重建。现存“历代重建重修蓝田书院芳名”碑刻，镌刻“唐员外郎永贞县令余仁椿捐资鼎建”。

↑“历代重建重修蓝田书院芳名”碑刻

南宋庆元三年（1197）朱熹避伪学之谤，于此讲学，并题“蓝田书院”四大字勒于石，后人为之立墨迹亭纪念。当年“云集高弟十有八者”“一时从游其最著者有余隅、余亮，其余指不胜屈”“分赴诸院施教，门人遍闽”。此后，谈经论道蔚然成风，影响之大，历代不辍，为蓝田奠定了丰厚的文化积淀。古代杉洋文士李捷英写诗盛赞：“环列诸山道远青，当年夫子日谈经。尚余墨迹香千里，夜夜光摇北斗星。”生动描摹了当年朱熹在蓝田书院收徒讲学的情景。

蓝田书院后被毁，清乾隆四十年（1775）重修。光绪及民国间多次重修。正院中供朱熹像，两庑左供康太保牌位，右列门人

↓ 蓝田书院内景

座次，庭院里植丹桂。院后有一巨石突出，称"鳌鱼石"，其上建有魁星阁，登高远眺，山城景色尽收眼底。清代县令万友正在《重建蓝田书院序》中称"至其地，其秀者敦诗书而尚礼义，朴者安谨愿而守耕凿。休休乎太古之风，窃心异者久之，询知为紫阳过化之乡"。清代福建学政翰林侍讲学士朱珪特撰《蓝田书院碑文》，高度褒崇朱熹教化之功和蓝田书院胜地之重要。

↑ 蓝田书院

20世纪70年代，蓝田书院毁于火，唯余朱熹题字石刻。2013年1月，蓝田书院首创者余仁椿后人、经济学博士余云辉捐资400多万元仿古重建。书院占地900多平方米，规模恢宏，成为杉洋古镇弘扬中华优秀传统文化的地标，是古田县不可多得的历史文化遗产。

## 林氏家塾

林氏家塾是杉洋林氏宗祠——联珠祠附属建筑，修建宗祠之时，同期修建书斋——林氏家塾，供林氏子孙读书，成为培养人才、传承文明的重要场所。

林氏家塾坐西北朝东南，两进合院，由门房、前后天井、厢房、塾厅（种玉堂）及后院阁楼林氏文昌阁（曾一度更名为种玉

↑ 林氏家塾

阁，与杉洋文昌阁、蓝田书院魁星阁并称“杉洋三阁”）组成。宽约12.5米，一进深约16.5米，二进深约20米。

林氏家塾正厅有联曰：“读圣贤书立修齐志，行仁义事存忠孝心。”读书、立德、修身、齐家、仁义、忠孝乃为人之根本与行为之准则。对联从读、立、行、存四个方面加以总结，正是儒家思想精髓的集中体现。

↑ 培秀学校

↑ 原培秀小学校舍

### 培秀学校

培秀学校是“培英”和“育秀”两校合并而成，取“培”“秀”二字命名。

清光绪十五年（1889），杉洋教会利用旧教堂创办“育秀”女子小学，同时借用杉洋文昌阁办起“培英”学校（男校）。办学后，这两所学校发展为“二等学制”，即包括初小班和高小班。育秀女校还一度办了初中班。光绪十九年（1893），教会又在杉洋南下湖教堂附近购地另建“育秀”教学楼一座。“培英”学校也在1925年搬到天一堂牧师屋分班上课。1937年，“培英”“育秀”两校合并，校舍也合为一体，教学楼与宿舍楼毗连，蔚为壮观。教学楼与宿舍楼均为两层砖木结构建筑，所有门、窗的上部均为半圆形，体现了欧式建筑风格，在杉洋的古民居群中另呈一道风景，颇有特色。

## 东山庙

东山庙，又称“岭头堂东山庙”，位于杉洋镇区东面的东山隘口。隘口原有个岭头亭，为古代邮亭、驿站，亭侧有庙，称东山祖庙，即蓝田岭头堂东山庙。东山庙始建于南宋末年，主祀拓主杨相尊公，即民众所敬仰的“杨公”，配祀灵通舍人爷。因后来杉洋奉祀杨公的分庙不断增多，此庙被称为“东山祖庙”。庙外墙边隘口处，原立有朱熹高徒林用中所书的“过化名区”石碑，已久失。

清末杉洋名士李方莲曾为东山祖庙题写过一副对联，联曰：掌九邑咽喉，想当年为国为民，铁印树勋崇北阙；竖千秋保障，喜此日寿身寿世，金垒酌酒庆南山。此联为乡人传诵百年而不衰，脍炙人口，概括了杨易一生功绩与名传千载的口碑，表达了老百姓对勤政爱民的清官廉吏的敬仰。

## 槐庙

槐庙，又名蓝田乡约堂，始建于宋元年间，清乾隆二十六年（1761）重建，光绪三十三年（1907）被焚毁，民国十五年（1926）重建，由门楼、戏台、谯楼、看厅和祭厅等组成，抬梁式砖木混构，面阔约18.38米，进深约29.41米。现内部梁架为近年重修，戏台、藻井等无存。门楼为民国时建，由李若初书“槐庙古迹”直匾，余士庵书“蓝田乡约堂”横匾，晚清举人余良骏撰大门门联，余兆福书文武门额“隆礼”“立德”，皆保存完好。

杉洋巡检杨易曾是朱熹好友，官拜兵部侍郎，因谏韩侂胄丞相，被贬为杉洋巡检，勤政爱民，深得人心，死后乡人以巡检署建祠纪念，因庙前有一参天古槐，称为槐庙，即今乡约堂，四姓合族在庙内附设蓝田乡约堂，共同订立乡规民约，作为全村民众公议、集会、活动的场所，带有乡民自治机构性质。清末，古田宣讲局还曾设在乡约堂，每月的朔望日派宣讲生宣讲上谕。杨易后来成为杉洋“都城隍”“通乡拓主”，是杉洋人民保护神，各境宫庙都有供奉。每年农历三月十二日，杉洋合境都会开展祭祀杨公的活动。有盛大打醮游神和数天“杨公戏”，既是神戏，也是团聚戏剧，每年各境轮流做东，宗教仪式与宗族团聚相结合，很是热闹。

↓ 槐庙古迹

## 天一堂

↑ 天一堂

基督教天一堂位于杉洋古城西门，坐北朝南，平面长方形，通进深约24米，面阔约115米，青砖木构，前廊式，两坡顶。始建于1913年，经十年努力，建起古田一带最大的中西合璧教堂。仿照杉洋古城北门天一门之称，定名为“天一堂”。

其大门口石柱上刻有一副对联曰：天何言哉，圣经即帝谓；一以贯之，吾道有真传。此联为民国海军上将萨镇冰侄孙萨本珪拟写。大门上方“天一堂”三个大字由著名书法家李若初书写。

↓ 天一堂内景

# 亭台楼阁

亭台楼阁是精巧装饰性园林建筑物的总称，泛指多种供游赏、休息的建筑物。杉洋亭台楼阁众多，其三阁：文昌阁、种玉阁、魁星阁，耸立于古村落的建筑群中，连成一道亮丽的风景线，亦为他方之罕有。其楼其阁，各具文化内涵，尤为杉洋古建筑群中的艺术精品，极具浓郁的文化气息和实用研究价值。

## 龙潭亭

位于杉洋村东龙潭街中心，乃村民饭后茶余，纳凉休闲聊天之所。清康熙末年，二十五世祖、例见曾承务郎李维枚建，属杉洋“八境”龙门境。“龙门”二字金色牌匾高悬亭上，表达龙门境乡民期冀“鲤鱼跃龙门”的美好愿景。

↑ 龙潭亭

杉洋龙舞溪原叫蓝田溪、龙过溪，1958年兴修溪门里至杉洋水利，改名龙舞溪。河道原经龙潭亭穿城而过，后因大水改道绕村而行。亭下有潭，是为龙潭，深不可测。早年尚闻流水淙淙，今已干涸。

龙潭亭一带是杉洋最繁华的商业地段，称为龙潭街，柜台连排，商铺林立，有布庄、钱庄、酒肆、油行、茶行、日杂店、药材店、银器店……不一而足。

## 金鸡亭

金鸡亭位于杉洋村北，溪门里村口往白溪方向金鸡岭上，清同治七年（1868）建，是杉洋经白溪通往宁德虎贝、霍童必经之道。

金鸡亭内有杉洋、霍童乡民立石各一，杉洋乐捐名次碑下款为：“同治七年仲冬吉旦架亭造路”；霍童乐捐名次碑下款为：“咸丰十一年孟秋吉造上半岭”。金鸡亭曾有联曰：牧竖樵夫歌吟上下，羁人旅客过往殷勤。今有联云：地中何处非公在，天下谁人不子来。早年乡人多有到金鸡岭砍柴伐木，流传有《仙岭樵歌》，其中唱道：“错节盘根处，由来辛苦多。凌云修古木，破晓剪烟萝。樵子今时路，仙人昔日过。丁丁引幽兴，山谷应清歌。”

↓ 金鸡亭

↑ 岭里戏台

## 岭里戏台

岭里戏台位于杉洋镇岭里村桥头坪，始建于清咸丰二年（1852），光绪十三年（1887）重建。面阔12米，进深10米，高11米，木结构建筑。前台为四柱单檐歇山顶，鹊尾脊正中塑双层宝塔。台中间天花板是如意斗拱层层出挑承托藻井，藻井为双凤彩绘，台缘雕刻人物、花鸟等。台左右两角前檐有木雕彩凤，台前柱旁有彩绘图案。后台为单檐木构附榭，粉墙上书写旧时戏班演出的时间和剧目，是研究戏剧史的重要资料。1986年，岭里戏台被古田县人民政府公布为县级文物保护单位，是闽东地区为数不多的古戏台之一，具有很高的研究价值。虽然年代久远，但保存完好的岭里戏台木雕精美，造型独特，轮廓大气、凝重，综观整体，依然气派，充满历史厚重感。

## 八角楼

八角楼，原名邻天阁，坐东北朝西南，进深18.62米，面阔21.46米，为单座三层木结构重檐四坡顶建筑，一、二两层均四面环廊，通高约7米，具有典型的清初建筑风格。

八角楼是清康熙年间杉洋文士余胤永鼎建的宴宾楼。因余胤永曾投靠靖南王耿精忠反清，故在杉洋建硕宽园，占地几十亩，园中仿太和殿样式建邻天阁欲为相府，一楼前后厅的上部是二楼主体，单独构建，4扇11柱，共44柱。一楼厢房和前后廊道的上部是二楼回廊，四面相通。廊边有精美的栏杆和美人靠，楼下的屋顶就在栏杆下。二楼层高3.65米，廊内有前后厅房，门、窗都有雕饰，显得高雅明亮。二楼廊道与一楼后厅两边走廊的转梯相连。一楼和二楼的屋顶均为四面坡，飞檐斗拱，雕饰精美，各自汇成四个翘角，共八个翘角，故名八角楼。

↑ 八角楼

据传，八角楼曾有一副长联：高阁邻天，咏读棋觞，弦且管，在在乐天真，不着邱图廊庙；奇观拔俗，山川鱼鸟，竹与松，端端消俗虑，何分烟火蓬莱。

## 文昌阁

↑ 文昌阁匾额

文昌阁坐落在杉洋村县丞山下，始建时间不详，清雍正二年（1724）于内设杉洋社学，即官立地方小学。乾隆年间、光绪年间重修。坐西朝东，由四周围墙、斗拱大门、U形回廊、泮池、六角三层木塔组成，通进深约30.5米，面阔约26.24米。木塔内柱柱距约2.28米，外柱柱距约4.45米。内部大院整洁，铺设草地，种植花木，有水池，四周无高大建筑，宽敞通透，景观良好。

文昌阁为三层三檐六角攒尖顶塔型砖木

结构。三层屋顶各为六坡六角，斗拱挑廊，六脊瓦顶飞檐翘角，如龙昂首，灵动欲飞。文昌阁内除了供奉文昌星外，还同时奉祀着三位圣人：孔子、关公、朱子。有一长联曰：孔夫子、关夫子、朱夫子，三位夫子；写春秋、看春秋、继春秋，一部春秋。孔子在古代被奉为天纵之圣、至圣先师、万世师表，其儒家思想对中国和世界都有深远的影响。因为朱子当年来杉洋蓝田书院讲学，对杉洋的教育文化产生深刻的影响，杉洋是朱子过化之乡，所以杉洋人士历来奉朱子为圣人。杉洋人历代既崇文又尚武，是武术之乡，关公是“武圣”，文武兼备，被后人尊为关夫子。文昌阁前建有泮池，跨以石拱桥，雅称引月桥。

↓ 俯瞰文昌阁

文昌阁

古镇杉洋钟灵毓秀，人才辈出。唐兴宋盛，墨风古韵浓郁，其族亲及后裔有2位状元、90多位进士。杉洋素有“余李多文臣，彭林出武将”之说。有声闻朝野的名臣循吏、守疆将领、民族英雄，饮誉文坛的文人雅士，闻名遐迩的书画名家，为国捐躯的革命先烈……理学宗师朱熹还曾两度到蓝田书院讲学，先贤文化影响、成就了一代又一代古镇后人。

↓ 白溪村全景

# 第三章
# 历代名贤

# 状元及第

## 李诲

杉洋李氏始祖李诲，也是唐朝皇室宗亲。唐开成二年（837），李诲状元及第。《旧唐书·僖宗纪》载，李诲历官河南尹、检校左散骑常侍、福州刺史、福建都团练使、福建观察使。《淳熙三山志》载，状元公李诲于唐咸通年间到福建任观察使，主管福建行政与军事，考察州县官吏政绩，治理民事。广明元年（880），黄巢攻入长安，纵兵屠杀，流血成川，谓之洗城。当时避难在外的李诲改名邦，同仲兄李话（改名轾）携家眷逃奔到浙江括苍（今浙江丽水）龙泉县桥下村，欲投靠任明州（今浙江宁波）刺史的季兄李谞。中和元年（881），浙省寇发，李诲遂同兄携家入闽，由龙泉捷径趋杉洋，喜其山川秀丽，且距城稍远，可晦迹潜踪，故卜居此地。状元李诲及其兄李话即为李氏杉洋房始祖，祖宅在杉洋溪东洋。

↑ 唐故状元观察使李公之墓碣

杉洋村南宿林墩立有唐故状元观察使李公之墓碣，碑文700字，为李氏裔孙李渤所撰，记载李诲事略，篆额是广东南雄知府郑炤所书，立碑于明正德十五年（1520），碑刻完好，十分珍贵。

李氏杉洋房是先期入闽的四大宗系之一，至今已有一千一百多年。其后裔派衍福建、浙江、广东、台湾及东南亚等地，人才辈出，人丁百余万。

## 余复

↑ 状元余复像

杉洋余氏十三世裔余复，字子叔，生于宋绍兴二十二年（1152），卒年不详。宋绍熙元年（1190）庚戌科状元，也是闽东本土第一位状元。民国版《古田县志·选举》载："余复，第一人，寄籍宁德。"其祖宗庐墓皆在杉洋，少从宁德进士张翰，学精《周官》。绍熙元年对策大廷，光宗称其直而不讦拔置第一。余复祖父余丕原为宁德县城何姓人家塾师，其子余孔惠随班就读，也是自幼聪慧，长大后与东家何氏女喜结连理。何氏女身怀六甲时，其兄前往杉洋探望，见胞妹家中拮据，便携返娘家，定居宁德，生下余复。因此有"余家状元何家甥""余家状元何厝生"之说。

余复中状元后授为洪州佥判，不久改授为宣义郎佥书镇南军（今江西南昌）节度判官。庆元元年（1195）入国史馆任实录院检讨，官秘书省著作郎。

庆元三年（1197）正月十五日，余复回古田杉洋寻根祭祖，写有《西庵时思楼记》："……吾家自尚书而上，凡累代之祖，下而逮今，凡十二世之孙，族属蕃衍，图谱牒叙，井井有叙。坟墓之在于三阳（即杉洋）者，兆域各有封识，其百世之泽也欤。"并寄望后人敬祖爱人，每年不忘祭拜，时刻不忘继承先辈遗志。

开禧元年（1205），余复辞官退隐还乡，居宁德县城南门，辟园构轩，觞咏其间。余复先后著有《礼经类说》、《左氏纂类》、《祭礼》十四卷、《风集渚》、《余状元集》等。余复后病逝于宁德县城南门小轩楼，入祀乡贤祠。

# 余李多文臣

## 余禑

余禑为杉洋蝉林祠及仙岩寺的创建者。据杉洋《余氏总谱志》记载：“光禄大夫，历官至尚书，绰然有声。告假归里，建仙岩寺，后移其寺于北啸山，重建功德寺，额曰‘蝉联’。捐资二十石，又牛十一，灯油钱一百二十缗，纸银香烛百二十两，罗汉五百，法器家私一切完备。付浮屠看管宗祠。中建家庙三座，规模宏敞，气象嵯峨，杉洋一名胜也。继缘回禄，而故址犹存……”乾隆版《古田县志》亦载：“古邑初建时，有余焕者，道经杉洋，乐其山川水田，卜筑居之。数传者有名禑者为吏部尚书银青光禄大夫，致政归割其所居四之一入仙岩山，即今禅林寺也。公殁于太平兴国四年（979），殁之后，能动灵响，寺僧奉为伽蓝神，祷辄应也。”

↑ 余禑

↑ 余禑墓

余禑逝世后，子孙塑其像，立为建祠祖。宋宣和年间，余禑第六代孙、太宰余深上奏宋徽宗，陈述余禑慷慨解囊把田产、家私和银两捐给寺院的事迹，宋徽宗御笔亲书赐“檀樾主尚书堂”华带匾悬挂禅林祠正厅。清嘉庆十八年（1813），禅林祠改名蝉林祠，取“蝉联科甲”之义。蝉林祠世代簪缨，人才蔚起，文化底蕴深厚，是研究杉洋历史沿革、民俗传统和地理建筑的宝贵资源。

## 余仁椿

杉洋余氏第六代，即余褐三子，是著名的蓝田书院的建造者。南唐永贞（今罗源）县令，辞官还乡，在村北“相地宜，创学馆，背乾向巽，萃山川之秀，额以蓝田”（《余氏总谱志》）。蓝田书院原为家族学塾，初名“东斋”，后经多次重建，成为杉洋最高学府，罗集全村子弟入泮读书。余仁椿在创办书院的同时，还“留田七十余亩，岁入谷八十石”，用以资助余氏家族中的读书人。此后二百年间“簪缨间出，子孙显荣，皆由此地始”。

《福建通志·学校篇》记载：“闽古代第一书院，设在莆田澄书堂，始建于唐代大历年间。次之，古田杉洋的蓝田书院，始建于宋开宝元年。”由现代专家学者编撰的《中国书院史》（邓洪波著，东方出版中心2004年版）也记载，蓝田书院在古田县杉洋北门外，南唐知县余仁椿创建。南宋庆元三年（1197），避难古田的朱熹到蓝田书院讲学，文风盛极一时，培养了“十八门人”等一大批优秀人才。应该说，是余仁椿始创书院打下了坚实基础。

## 余席珍

南宋名儒，为杉洋余氏第十二代。宋绍兴十三年（1143）出生于罗源，是蓝田书院首创者余仁椿四子余仕琮后裔。宋隆兴元年（1163）登进士第，就任新差建昌军（今江西南城）左迪功郎南城尉主管学事。宋乾道三年（1167），被延聘为杉洋蓝田书院教道（堂长），直到宋淳熙十一年（1184）才赴兴化军兴化县知县事，在蓝田书院任职17年。绍熙元年（1190）任邵武府通判，庆元元年（1195）迁谪广南西路吴川县任教谕，后定居于此，殁后葬于吴川。

据《余氏族谱》记载，蓝田书院从余仁椿首创后二百年间“簪缨间出，子孙显荣，皆由此地始。厥后，迁于西山隅（横路坂的西斋），文场屡败，三十年气象不振”。为重整文风，以余端卿为首的族人于乾道二年（1166）重建蓝田书院，聘请被誉为“宗中秀茂先达”“浊世珪璋”的余席珍为堂长教道。余席珍就教后，不负众望，“惟学校是务，日与诸友讲论奥义，闻人寸长片善，不啻若己有之”，提出“无类以施教，唯贤乃至尊”的教学理念，继承和优化余仁椿创立的“油灯田”制度，鼓励族人重视学习，重振蓝田书院雄风。在此后短短的30多年间，杉洋重振雄风，涌现出一个状元十几个进士，优秀学子更是难以确数，“蓝田风采”享誉八闽。

### 余文龙

杉洋余氏裔孙。祖迁芝山，而后又迁居前洋。清乾隆版《古田县志·人物》中载：“余文龙，字起潜，万历辛丑进士，令衡阳，为民兴利。守赣州，摄兵备道，所至有循声。解组后，葺学舍，修邑城，尚义捐资，造福枌榆，功不止在一时也。曹能始为立传，董崇相志其墓。”

余文龙于明万历二十八年（1600）庚子科福建乡试中举人，

翌年连登辛丑科张以诚榜三甲第一百四十五名，赐同进士出身，授湖南衡阳知县；万历四十三年（1615）改任江西饶州府浮梁县知县，升河间府同知，又任工部主事；万历四十六年（1618）任安徽芜湖关监督。天启元年（1621）任赣州知府兼摄兵备道，升工、户两部郎中，授正四品中宪大夫。

余文龙史学造诣颇深，著述等身。据《明史·艺文志》载，著述有《赣州府志》二十卷，《史异编》十七卷，《祥异图说》七卷。还撰有《史脔》二十五卷，主修《赣州府志》。

天启三年（1623）余文龙告假回故里，见到古田正遭荒馑，他便领先施济粮食数百石救济民饥。明弘治年间建的古田城墙经百余年风侵雨蚀，县令吴柔思有意修城，得到正在赈灾的余文龙大力支持。他聚集家境殷实的富户和好义之士商议筹资修城，规定各随家资多寡分等乐捐，仅数日内，计筹银千余两。他又配合县令，选择身强力壮的工匠五十多人组成修筑队伍筑城。余文龙因此写下《修城记》，备载其详。天启四年（1624），余文龙发动全县乡绅、太学候选之生员以及殷实富户捐资修学宫，曹学佺写了一篇《重建学宫记》，后来收录在清乾隆版《古田县志》中，对余文龙修学宫的功绩褒崇备至。

余文龙出仕为官后，对先贤“见而慕，慕而奋”，成名于世，有功于乡，去世后英灵也被后人崇祀，入乡贤祠。

### 余正健

字乾行，号惕斋，杉洋余氏始祖余焕裔孙。杉洋《余氏总谱志》载：“芝山义房惕斋公，讳正健，字乾行，焕公第二十九代孙也。”清康熙三十六年（1697）进士，由编修累迁国子监祭酒，督学江南，以廉洁称，特升顺天府尹，官至左副都御史。

余正健幼年家贫而好学求上进，入塾就读，聪敏过人。康熙二十二年（1683）县试第一名，康熙三十五年（1696）乡试第一名解元。康熙三十六年（1697）会试第一百三十名，殿试第二甲第二十五名，赐进士出身，选翰林庶吉士，其后授编修，充史馆纂修，康熙四十七年（1708）秋钦差河南副主考，康熙四十九年（1710）连升左春坊中允、翰林院侍读、国子监祭酒。康熙五十三年（1714）五月迁江南提督学政，康熙五十五年（1716）二月擢顺天府尹，同年十月又擢都察院左副都御史兼顾天府尹。康熙五十六年（1717）余正健受命云南学政时，因病告假回籍，途经临清病卒。

余正健为官勤于奉职，操守清廉。任河南副主考与江南提督学政时，注重整顿科场纪律，杜绝弊端，堵塞贿途，对携馈品求谒者不予接见，且不辞辛劳，躬亲评卷，鉴别诸生文章功底，精心选拔人才。于顺天府尹任内，致力剔奸弊，督臣图，减狱讼，察城池，处事恭慎正直，人称其“于卑职无所狎，于权贵无所贬”。从宦十余年，颇得朝廷器重，康熙皇帝曾多次御旨赐以《古文渊鉴》、“松花石砚”等物。雍正元年（1723），雍正皇帝御赐余正健“天下师表”金匾，士臣赞其“和而不流，清而不刻”。乾隆十四年（1749），经福建巡抚潘思榘上疏题请，恩准崇祀余正健于古田县乡贤祠。

### 余士庵

字瑞霭，晚年自号觉真道人。曾于清光绪十一年（1885）乙酉科院试，取古田县学童试（举秀才）第一名。因对日趋腐败无能的清廷不满，便摒弃仕途，甚至身着明服，在杉洋后街设馆授徒，其学馆名“下礼斋”。因其自号觉真道人，乡人都尊称他为“真先生”。他曾自吟“达达歌”以表衷怀，其才学清名远播乡里。他在授徒之余，加意精研医学，尤擅长妇科及痘疹。同时，他还精于堪舆之法。

民国时期海军上将萨镇冰十分看重他的文采和人格，与他义结金兰。萨镇冰还题写“道德神仙”四个大字绢幅相赠，他们诗词唱和达百余首，现余士庵诗作散失殆尽，仅存三首。

余士庵不单诗写得好，楹联同样出色。杉洋不少庙宇亭台的楹联，皆出自他的大手笔。其《东山庙联句》有“勋名标北阙，庙貌壮东山”“自昔威灵昭梓里，迄今恩泽沛蓝田”。其《七月兰盆胜会联句》有“莲炬光腾，普照众生登觉岸；兰盆会启，尽教万汇沐恩波”“滔滔胥溺急求援，彼岸籍慈帆，到处逢人引手；总总众生思解脱，圣灯开迷眼，随缘听法回头”。《东山亭联句》“新歌亭外鸟，古画面前山”“鸟影穿亭榭，花香带客衣”。

余士庵也是书法家，杉洋槐庙门额“蓝田乡约堂”即为其墨宝。

## 李灞

原名李敬豹，唐咸通六年（865）生，乃状元李诲季兄明州刺史李谞曾孙，大理寺少卿李润甫次子。唐僖宗广明元年（880），黄巢复入长安，戮杀唐宗室，李灞随从曾伯祖李话、曾叔祖李诲，逃难到浙江龙泉县桥下村，后入闽定居杉洋，为李氏杉洋房四世祖。其学识渊博，人品高尚，协和乡里，教育有方。五代时李灞长子李晓为闽兵部尚书，次子李讬为闽刑部郎中；孙李诩为闽驸马、吴越常侍司徒，李褒为闽司徒吴越御使上柱国，李瑜为吴越常侍，李琏为吴越水部员外郎；曾孙李绛为闽监案御使，李蕤为古田进士第一人，官太常寺丞。

唐天祐二年（905），李灞舍田出资创建凤林祠及兴福禅院（又称凤林寺）。凤林祠是入闽李姓杉洋宗支的总祠，福建省早期的千年名祠，也是中国历史文化名镇杉洋镇古建筑的标志之一。后唐明宗天成元年（926）李灞逝世，因子孙继仕官于闽及吴越，故赠大丞相录尚书事。

### 李蕤

字仲蕤，李氏杉洋房始祖状元李诲后裔。自幼聪颖，思维敏捷，通经博学。宋太平兴国三年（978）殿试登胡旦榜第四名，

↓ 李蕤之墓

是古田县有文史记载的考取进士第一人。历官太常寺丞（掌管宗庙祭祀之事的官员）、大祝学礼郎。致仕后，回乡教导稚童及乡人礼俗。育养六子，各有建树。李蘶殁后葬于杉洋宿林前（杉洋往夏庄路口）。宋古田县知事龚梓材为他题写碑铭和墓柱联，铭曰：古田开科进士仲蘶李公。联曰：明德承家绵乎奕叶，扶舆挺秀贵及云仍。

## 李侗

南宋学者，南剑州剑浦人，祖籍古田杉洋，字愿中，世号延平先生，卒谥文靖。李侗是程颐的二传弟子，年轻时拜杨时、罗从彦为师，得其《春秋》《中庸》《论语》《孟子》之说。学成则退隐山田，谢绝世故四十年。李侗是朱熹的老师，为朱子奠定了理学基础。李侗著有《李延平集》四卷，其中收录门人朱熹编撰的《延平问答》。

杉洋李氏祠堂内有一方“李氏重修祠堂之记”的碑刻，碑文为元至治元年（1321）翰林学士承旨荣禄大夫知制诰兼修国史刘庚所撰。当时立为木碑，到明弘治十年（1497）改为石碑。碑文记述，李氏子孙散居各地，不能备载，其中有“延平先生侗为传道明贤”。另外，旧时蓝田书院内的圆门上有一木匾，记有“子（指朱熹）二度于尊师李讳侗公祖籍地游学讲论”。清乾隆版《古田县志》也记载，在南宋“庆元党禁”后，李侗之子友直与朱熹交好，也因避难，迁到古田来定居，后来子孙繁衍生息，一直都在古田。古田乡贤祠所崇祀者为自宋以降有德业闻望于乡者，李侗神位列其中。

李侗也曾撰文，对杉洋称赞有加。《官宅安塔宫志》云：“蓝田官宅，李吴余三姓聚居者，二百年间簪缨间出，子孙显荣，仕司徒学士代不乏人。吾相地舆形胜，体似一个竹排浮漂水面，久远不能续焉矣。观山川以卫风水，上有大镇石，中有宿林前，下有穿溪地锁，皆为龙气所钟，吾乡之命脉系焉。至村西宜架舆梁，立一石塔以收面前之水聚之，捆排浮之，护持形胜，不波不动稳之。以绵荫庇其祥发也，庶山川巩固，族姓蕃昌云。”蓝田是杉洋旧称，官宅是夏庄旧称，碑文为李侗于宋政和癸巳（1113）孟冬所撰。

↑ 李若初

## 李若初

名景沆，号凤林山樵，晚号凤林老人，又号癯叟，杉洋镇夏庄村人，现代著名的书画艺术家。毕生创作极其丰富，“画留长卷三千轴，诗有成篇九万言”。诗、书、画早在20世纪四五十年代就已饮誉八闽。

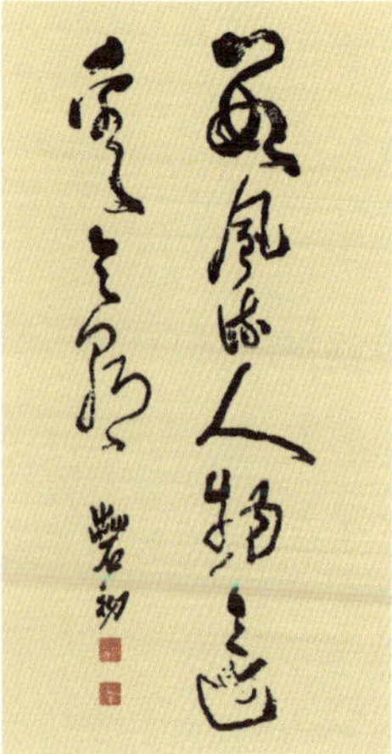

↑ 李若初书法

李若初出生十月即丧父，寡母余氏立志抚孤，授以《三字经》《千字文》等启蒙书本。11岁入私塾就读，先后师从当地名秀才余仕安、余良骏、李方莲等学文习字作画。民国元年（1912），福建优级师范学堂毕业，先后执教于宁德樟溪学校、霞浦作元中学、福州三一中学及陶淑、毓英女中。1958年退休后，又应聘于南平师专、福建第二师院等校讲授书法和古文，1965年72周岁时以老告休。

李若初平生精书画，工诗词，善篆刻，尤以书法著称。其行草最负盛名，笔势雍容尔雅，不经雕琢而气概自豪；其狂草笔力奇崛，不意经营而意境自华；其隶书，笔锋端庄秀丽，不事铅华而格调自高。行、草书博采众长，以神采飘逸、妍美流韵取胜。一幅作品，笔走龙蛇，行云流水，极具动态美。1960年，原国家文化部举办全国书法大展赛，他以笔力苍劲老辣的“数风流人物还看今朝”狂草中堂一幅名列第六。李若初也擅长画梅，独领风骚，深得海内外人士的赞赏和追求，其作品为日本多家艺术院馆收藏。

↓ 李若初故居

# 彭林出武将

## 彭官

杉洋彭氏始祖，字公信，为唐行军使。彭官乃仕闽右丞彭金之长子，父子二人于闽永和元年（935）十月迁闽。

闽王王审知去世后，闽王朝处于乱政时期。闽王易位，为表安抚，后唐命彭金发兵福州，彭官随父入闽，居住福州闽县西湖四载。彭官后来游历宁地山川，时过古邑杉洋见山清水秀，便卜宅枫墘，不辞艰苦，拓土开基，迁居杉洋。次年，彭官年满17岁，便上闾山学习道法。其后随父为平定内乱，转战沙场，犀角鸣声。授封唐行军使，功名有成。从此，家族便在杉洋繁衍生息，爪瓞绵绵。

## 林承昌

字奕伟，号文峰，杉洋林氏第四世祖。为清嘉庆朝重要的戍边骁将、军事重臣，因功勋卓著，诰授从一品振威将军。

清乾隆五十一年（1786），林承昌中丙午科武举人，后又经由武举考选获得第一等第一名，补千总用。历署福州城守，古田、泉州、连江等营千总。乾隆六十年（1795），改用水师千总，授海坛镇标左营千总。

清嘉庆二年（1797）十二月，林承昌升授提标守备。嘉庆六年（1801）七月，调补福建水师提标右营守备兼署前营游击。嘉庆七年（1802）三月，升授闽粤南澳镇标左营游击，仍署提标前营游击，管带提标五营兵船出洋缉匪。当时拥有二万多匪兵，号称“镇海威武王”的海盗头目蔡牵率匪徒横行海上。林承昌设计勇擒其同党徐类、张彩、经培、张扬寅等，拯救为其所劫的商船、所掳的百姓无数，为沿海民众称道。

嘉庆十一年（1806）九月，林承昌升授福建铜山营参将，统带提标南澳铜山七营官兵出洋缉匪，以熟悉水务为上游所重。次年十一月，林承昌率兵英勇战斗，获盗甚多，贼盗畏而瓦解，贼患稍平。奏蒙恩旨，升授福建闽安协副总兵，仍带兵船出洋缉匪。嘉庆十三年（1808）十月，调授台湾安平协副总兵。

嘉庆十四年（1809）三月，林承昌奉旨升授浙江定海镇总兵，因接署官员未到，仍摄理台湾安平协印务。五月间，逆贼蔡牵窜台，林承昌即带领本标兵船出洋堵捕，于电白洋与匪贼打仗获胜，威名振于朝廷。嘉庆帝召见林承昌，诰授振威将军，赏戴花翎，并赐玉翎管、荷包等。

林承昌忠诚爱国，智勇双全，其挥兵所至，皆振振有声，功勋卓著，名扬于四海，诚所谓“念四年护国，十八省歌功”。

因过劳于王事，不幸染患血疾，于嘉庆十四年（1809）十一月以身殉职于台湾。道光十年（1830），经道光帝恩准赐银，修建大墓，安葬于今杉洋远地村和鹤塘南阳村交界后山。

## 林朝聘

守台总兵林承昌之子，赫赫有名的民族英雄。

林朝聘青年时即具才略，清道光十五年（1835）援例考选从九品武职，分发浙江衢州府司狱。道光二十年（1840），英国发动“鸦片战争”，道光二十一年（1841）六月，定海总兵张朝发在抗英战斗中受重伤，守军失去指挥，定海遂被攻陷。七月连陷定海、宁波，直指余姚。提督余步云、知府邓延彩弃城逃往上虞。军情危急，浙东震动，当时唯独林朝聘力主坚守，随后被任命为代理余姚知县。

林朝聘上任仅10天，英舰已至，下令守城军民巧计设防，插遍旌旗于城墙里外，列亲兵于城楼，布土炮于垛口，然后大开城门。林朝聘单身简从，乘轻舟直抵英营，面见英军首领，正气凛然，大义相责，并表示“锦绣河山，寸土不让”。英军首领见林朝聘身着戎装气魄非凡，遂退兵，余姚转危为安。

道光二十四年（1844）正月，林朝聘因抗英有功，奉召进京，道光帝廷见，林朝聘不畏权贵，极力赞扬林则徐为难得好官，并直陈鸦片的危害，力斥“祸起禁烟”之说。时正值林则徐禁烟遭

↓ 林朝聘墓

谗被谪戍不久，林朝聘的言行，主战派大臣无不赞其为“诤臣”。其后，皇叔牟所钦服林朝聘的抗英壮举和超人胆识，在黄绫上挥毫画《姚江退敌图》赠之，并题诗曰：“独有微臣不顾身，新图一纸巧传神。姚江谁识英雄面，不画纷纷弃甲人。”几天后，道光帝再次召见林朝聘，勉勖他为国效力，御书“忠勇可嘉”金匾，封为定海直隶厅同知，授奉政大夫，赏换花翎。

道光二十四年（1844）六月，林朝聘回浙江定海任职。八月，英政府派兵璞鼎查率兵1万人、兵舰20艘、武装轮船10艘，驻运输船、测量船多艘，大举北犯，再次攻陷定海，林朝聘率军民奋勇抗击，再次击退英军。由于劳累过度，不幸身患重疾，林朝聘于道光二十五年（1845）殁于定海。

林朝聘殁后，浙江军民将其灵柩移放余姚接待寺，立碑记其生平事迹。道光帝命古田知县督工，在杉洋建祠褒扬。同治元年（1862），林朝聘遗骸由余姚运回杉洋，安葬于凤林祠前方伏龙岗，时任江西巡抚沈葆桢为林朝聘墓撰墓阴铭。

### 林建驱

革命烈士，又名林在春，杉洋村人。1938年参加革命斗争，时任闽东游击纵队大队长。1941年10月5日，在白溪村溪坪里茶园头与国民党107师的战斗中牺牲。

林建驱早年就读于“私立福州光复中学”，接受了进步思想，向往革命。毕业后回乡在杉洋培英学校任教师兼童子军教官，1938年初，古田县国民政府选派其赴黄埔军校湖南长沙分校学习。

在校期间受共产党人和国民党左派人士影响，林建驱走上了革命道路。军校毕业时，该校中共地下党组织借助国民政府委任林建驱为福建闽东五县（古、宁、屏、罗、连）暗察调查员。他以此公开身份做掩护，秘密开展地下革命工作。1938年底，林建驱到宁德霍童工作，1939年底加入中国共产党。

1940年，闽东特委决定成立闽东游击纵队。林建驱组建的队伍在古屏罗边界及白溪苏区根据地一带活动，林建驱被任命为游击纵队大队长，坚持战斗在国民党顽军统治的白色恐怖闽东山区。

1941年农历八月十五日，林建驱带领游击队在杉洋白溪村梨坪山一带丛林活动。由于被密探发现，营地被敌人包围，林建驱组织队伍一边反击一边突围。终因寡不敌众身中数弹，壮烈牺牲，年仅28岁。敌人残忍地割下他的首级，悬挂在杉洋区公署门前和鹤塘等地示众。

1985年7月24日，林建驱被追认为革命烈士。2012年10月2日，经古田县人民政府批准，林建驱烈士遗骸骨灰盒移放古田塔山革命烈士陵园骨灰堂。

## 林城

原名林建神，杉洋村人，医学博士，中共地下党员。

林城于1926年入杉洋教会学校培英小学就读，1932—1938年，分别在古田县史荦伯初级中学和福州三一中学读完初、高中。1938年秋，入福建医学专科学校学习。课余写进步文章，以“何阳”为笔名发表于《东南日报》及《现代青年》杂志，深获读者好评。1939年加入中华民族先锋队。翌年，加入中国共产党，并任医学院党支部委员。由于国民党特务对该院支委活动已有觉察，上级党组织决定林城等5名支委撤至根据地。在转移途中，他们不幸被捕；在狱中，遭受严刑拷打，但始终同敌人作不屈的斗争，没有出卖组织和同志。1942年，经党组织多方活动，始得保释出狱，继续开展革命活动。

1944年秋，林城被征调为国民党空军少尉军医。1945年秋，随军迁至南京国民党空军医院任军医。其间，他按中共党组织指示，以军医的身份作掩护，在南京、上海等地开展情报策反工作，并任策反组组长。在极其艰难复杂的情况下，他秘密而巧妙地进行反战宣传和瓦解工作，争取团结一批愿弃暗投明者，并在他们中建立中共组织。

1948年12月，在林城的推动下，俞勃（地下党员）等5人驾机起义，当他们飞临南京上空执行组织决定时，因投弹系统被机场地勤人员中反对内战的人暗中破坏，没有发射成功。当飞机在长江边转弯时，由于激烈抖动，炸弹脱钩，落在江边的燕子矶，发出了巨大的爆炸声。当时蒋介石及有关官员正在南京空军俱乐部开“慰问”与“嘉奖”大会，闻讯一片惊慌，顷刻人遁席散。轰炸计划虽未实现，但此举极大地震慑了国民党当权者，这次起义受到中共中央领导同志的重视和赞扬。此后，林城又策动国民党海军第二舰队、镇江第三机动炮舰队、“重庆号”、“长治号”、“灵甫号”等数十艘大小敌舰起义。

1949年4月，上海解放，林城调到华东联络局工作。由于他对中国人民解放事业的特殊贡献，受到周恩来等党和国家领导人的接见，并荣获解放战争勋章。是年底，为配合解放台湾的斗争，林城被派往香港工作。在港期间，他偕同其他同志组织和策反敌舰“联荣号”起义，再次建立功勋。

1952年，林城被调往上海市第一医院当医生。1954年7月，赴苏留学，专攻心脏病专业。1970年回到原籍杉洋，居住在“八角楼”，虽身处逆境，他仍以热情态度与精湛医术为家乡父老乡亲和来自四方求医者精心诊断治病，至于贫困者则分文不取，还免费供药。其救死扶伤精神与高尚医德传为佳话，深受赞誉。1982年10月26日逝世，终年63岁。

### 余爱钦

抗日女英雄。出生于1920年，自幼聪慧好学，7岁入杉洋培秀小学，13岁上初中，1936年考入福州陶淑女中。

“七七事变”以后，余爱钦从福州回古田参加抗日后援分会，并被选为杉洋地区抗日后援支会成员，负责宣传工作。1938年她从陶淑女中肄业回到杉洋，担任大东地区杉洋下庄民校校长，将民校作为宣传抗日的重要阵地，向民众宣传抗日，并积极筹建一支抗日文艺宣传队伍。其时，古田县地下党曾组织抗日文艺宣传队在大东各地演出，余爱钦也配合其中。同时，她也带领一批文艺宣传员深入到各个乡村宣传抗日，通过义演为抗日筹资筹物，仅一个月时间就收到军鞋千余双，捐款3000元。

1939年初，余爱钦带领宣传队到大东各个乡村宣传抗日演出，并担任多个节目的演员。她在话剧《同仇敌忾》中扮演英雄人物，十分感人。余爱钦擅长“打火球”表演，技术高超，程式多变，被观众誉为“火球明星”。打火球是一个艺术性强但带有一定危险性的艺术表演形式，最受观众喜爱，也最能达到宣传效果，因而成为压轴戏。从1939年初春开始，余爱钦已连续上演百余场，得到古田县演出巡回队领导的赞扬。有一次余爱钦向巡回队要剧本，一位负责人问她为什么要放弃学业回乡参加后援会，她的回答令人敬佩。她说：“一个人过平庸安稳的生活没价值，国难当头，为抗日献身才有意义。”

由于连轴转的演出使余爱钦的身体十分疲惫。1939年8月的一天晚上在鹤塘村演出时，她演完几个节目后突感不适。领导叫她停演“打火球”，但观众不知情，催演的掌声喊声不断。余爱钦毅然取出道具，添足酒精，慌忙中将酒精洒到衣裙上。表演到精彩处时，火花溅上衣裙，烈火烧身，台上台下乱作一团，有人提水向她身上泼去，火势反而更猛，烧遍全身。余爱钦此时已不省人事，立即被人送往鹤塘驻军军医处抢救。但经七天救治无效，于8月16日去世。时任闽浙监察使的国民党元老陈肇英为余爱钦题词“虽死犹生”。

↓ 烈士余爱钦墓

杉洋民俗具有浓厚的乡土气息与地方特色，各类习俗活动丰富多彩，层出不穷：有祀祠祭祖等发扬传统礼俗之举；陈夫人神诞、杨公神诞、盂兰盆节等倾村而动之行；迎坪、龙桩拳等文艺演武之风；等等。这些民俗活动彰显了杉洋的文化底蕴。

↓ 玉麟祠

# 第四章

# 异彩纷呈的古镇民俗

# 民间信俗

## 陈夫人神诞

正月十五上元节，亦称元宵节，而杉洋的元宵节同时又庆祝临水陈夫人神诞，而且持续七天，十分隆重。杉洋民众信奉临水夫人陈靖姑的习俗源远流长，临水宫分宫随处可见，祭祀陈靖姑的活动也很频繁，其中以陈夫人神诞庆典最具规模，最有特色。

陈靖姑，道教女神，亦称临水夫人、顺天圣母、大奶夫人、陈夫人、陈十四娘娘等，在道教中被尊称为“惠忱慈量天尊”，享有很高的地位。据明代《八闽通志》《大明一统志》，历代《古田县志》及《闽都别记》、《临水平妖志》等记载，陈靖姑一生慈爱为怀、扶危济困、抑恶扬善、护国佑民，二十四岁时为解八闽旱灾，拯救万民，毅然脱胎祈雨，在古田临水罹难，得道成神，生前发誓死后要“救世人产难”，百姓感恩她，在临水建庙奉祀。

杉洋古属福州十邑，民众信仰陈靖姑这位妇幼保护神，杉洋人亲切地称她为“陈夫人”“临水夫人”“奶娘”“大依奶”。杉洋的“四姓八境”除了有各自的宗祠，还都有自己的境宫，宫内必供陈靖姑，可见陈靖姑在杉洋百姓心目中十分神圣。

不仅如此，杉洋还有两座各姓共祀的奶娘宫，一座是始建于明代，重建于清乾隆年间的“三灵宫”，供奉陈、林、李三位夫人（亦称“三奶夫人”），是古田临水宫的重要分宫。另一座是位于杉洋村西北的玉麟祠。闽东自古有临水三大分宫之谓，即杉洋三灵宫、霍童转水宫、八都福水宫之说。过去由于交通不便，闽东福安、霞浦等各县信众每年正月只要来到杉洋的三灵宫，就能请到陈靖姑的香火，大大方便了闽东一带的信众。

玉麟祠内也供着陈靖姑，蓝田乡约堂内还供着陈靖姑。光在杉洋城墙内外，就有大小奶娘宫十二座，这在古田境内乃至福州十邑也算是独树一帜了，杉洋民众对陈靖姑的崇拜之心可谓达到极致。

杉洋历史上文人荟萃，所有的信俗活动都会有其独特的表现仪式，既合乎规定礼仪又不失热闹。杉洋的陈靖姑信仰，不仅传承了临水宫祖殿的请香习俗，而且创造出一个杉洋独有的请祀模式。

杉洋学者李扬强的《蓝田古文化》（福建省地图出版社2005年版）记载："陈靖姑神诞，在正月十五日。自十二日始，大侬奶神像从其宫殿扛到各境大厝上殿，至十八日下殿扛回宫殿。其间，村民有添男孩人家要用大烛报答大侬奶之恩……谓之赛烛。同时从十三日夜晚开始，各境还出动精心巧制的台阁游行。游台阁在十八日晚最热闹，多达十几台，四方士民争先恐后前来看台阁和赛烛，盛况空前。"

杉洋陈夫人神诞庆典按传统做法，历时七天七夜。正月十二日下午，八境就开始打扮"大侬奶"，给陈夫人换上新的凤冠霞帔，请到銮舆（轿子）安坐（当地俗称"上驾"），当晚，各境依次抬着銮驾游行，这只是整个"游奶娘"活动的前奏。

↑ 上驾

杉洋各境每年都会选出有威望的"奶头"若干名，"奶头"必须是有能力有魄力且深孚众望的乡绅名人。"奶头”负责筹集资金，组织制作“台阁”（以钢管或铁条焊成的枝状台架）等。正月十二日，“奶头”必须给境内每对新婚夫妇赠送“喜灯”，抱着三灵宫内的夫人姐妹中的某位“婆神婆姐”及“斗灯”（用量米的斗装饰成的彩灯）到新婚夫妇的新房供着，祝贺新婚，祝愿早生贵子。而新婚夫妇会把“斗灯”点燃到正月十八，再把“婆神婆姐”送回三灵宫，手巧的新媳妇还会给她们织顶漂亮的帽子或做双绣鞋，这些新婚夫妇一般第二年就会添丁育儿了。

添了儿子的家庭又有了另一个更加隆重的仪式等着要办——“还烛”，也就是头年添了儿子的家庭，要购买一对又大又重的龙凤烛送到奶娘面前点燃答谢还愿。过去当地买不到那么大的红烛，都得从宁德、福州等地费力地扛回来。至于烛的大小依家境而选择，一般的点上三天三夜即可，最大的可以点上七天七夜，那就非

↓ 游奶娘

常荣耀了。烛筒上还要题写各种联句，如：“烛影辉煌不减元宵月，婆心鞠育何殊母氏恩”“一点婆心功在生民扶赤子，双辉烛影光腾宝婺佑蓝田”等。

农历正月十三日夜，“游奶娘”活动隆重举行。各境的“大依奶”纷纷上街亮相，村人争相一睹芳容，各境的奶娘或泥塑或木雕，工匠的技艺各有千秋，漂亮的就受尽村民的赞扬，容貌稍逊的就引来阵阵笑声。据说旧时龙门境的“大依奶”是贴金的，登瀛境的“大依奶”长得白，梅亭境的“大依奶”长相秀丽，获赞最多。说是“游奶娘”倒不如说是一场选美比赛，挺具有喜剧性的。比完“大依奶”，更热闹的是比“台阁”了，各境不遗余力，费尽心机，精心制作出一杠杠的“台阁”，那才是智慧与技艺的结晶，也是各境人才与文化的竞赛。

↓ 热闹的游行现场

正月十八日夜，是活动的高潮之夜，因为这一晚的游行要游个通宵，“大侬奶”“台阁”“舞龙”“花灯”全部出动。不但要游遍杉洋八城门，还要游遍各境里弄。家家户户把周边的亲戚朋友都请来了，每家热闹得像过年、办喜事一样，“奶头”还给各家各户分发米粿助兴。人们涌上街头争看热闹，看过这一境的“台阁”又等着看另一境的，万人空巷，热闹非凡。游到天亮，各境“大侬奶”方才“回銮”，俗称“下驾”，重新抬回各自的境宫安驾上座，等来年的喜庆日子再展风采。

其实，陈靖姑信仰习俗的具体内涵极为丰富，表现形式也多种多样，陈夫人神诞只是其中一个大项。可以说，一年从头到尾、人从出生到百年，都有相关的陈靖姑信俗活动，现列举一二为例。

**洗三旦** 这是体现陈靖姑对初生婴儿关照之俗。杉洋是陈靖姑主信仰区，信众无一例外地都要以各种形式举行这一仪俗活动。婴儿生下三日，谓之“三旦”，须行“洗三旦”礼，可用菖蒲、艾叶煎汤为婴儿洗浴。旧时民间产房多安置临水夫人香火位，以小陶罐盛糯米饭，饭中直立半插一双筷子，饭上置一枚熟鸡蛋，另配一碗鸡汤，供奉于临水夫人香位前，既表达对她的感谢，也祈求夫人保佑婴儿顺利成长。另外，在这一天，孩子的父亲要向亲戚长辈们行“送酒”礼，一方面告知亲人孩子出世，相当于报喜，另一方面亲人们也要为孩子的出生备办一些吉祥礼物，以祝愿孩子平安成长。

**满月礼** 婴儿出生满一个月时举行的满月礼仪式。要请长者为婴儿剃头除栘发，一边剃一边念吉利口诀，所剃栘发洗净后用红线绑扎后保存起来，以作存念。亲戚朋友送礼物祝贺。事主摆满月酒席，并备办酒食礼到宫庙答谢临水夫人。

**过关** 为16岁以下的少儿举行的一种保康顺、禳病灾的仪式。闾山三奶教认为，人生有百日关、千日关、夜啼关、四季关、阎王取命关、鬼门关、深水关、下情关、将军关、铁蛇关、急脚关等三十六关煞，这些关煞均为生活中可能遭遇到的，须请道师作法“过关”，小孩才能安全健康顺利成长。

**放箍** 亦称放阄、“还童缘”、“还同圆”。古代有男子二十而冠、女子十五而笄的成年礼，在临水夫人信仰区内，成年礼是指孩子长大成人时，脱离临水夫人护佑，改由当地乡村拓主神保护的仪式。传说临水夫人对孩童的无条件保护只限于未成年时期，及期则交由其所在村庄的主管神保护。杉洋的放箍仪式一般在正月十五日的“夫人醮”或请香接火回村时的“下马醮”中顺带举行，须请道师于醮仪中烧“放箍疏文”。参与“放箍”的少年男女，一般也须参与请香接火活动，并成为醮仪的重要成员之一。此类成员正当年少，在仪式中十分活跃，他们的参与也给古老的仪式增添了不少活力。

## 杨公神诞

杨公神诞庆典活动是杉洋信仰民俗的又一项重要内容。杨公即杨易，字明善，南宋浙江山阴人，原与晦庵朱文公同为理学门人，因谏韩侂胄丞相，被贬为杉洋巡检，他为官清廉，爱民如子，因有厚恩于杉洋乡众，乡人感其德，称其为“再生父”。后来杨易积劳成疾，殉身职守，其侍从官舍人盘缪笳誓不事二主，慨然自刎殉主。杉洋乡众崇仰杨易主仆二人，遂奉杨公为杉洋通乡拓主、三十六都城隍，奉舍人盘缪笳为舍人爷，千秋祭祀。

↑ 杨公神诞

《蓝田古文化》对杨公神诞活动有简要的记载：其时用坐轿把槐庙杨公塑像抬到岭头堂东山祖庙，为求“赦罪”的祈愿者身穿囚衣，背枷具当“犯人”自解到东山庙祈香火，以求“堂荫长垂”，脱运守法。仪式毕，又把杨公塑像扛到坐轿，由执事、求愿者、参游者组成的原班人众，达三五百众，浩浩荡荡，前有“肃静”“回避”告牌，并鸣锣开道，还有高爷、矮爷助威，鞭炮齐鸣，一路逶迤地绕下村、过下坝桥，沿城外石路，进大西门，一直把神轿抬到槐庙，把杨公塑像安放在原殿座。此时祈愿“犯人”方“释放”，脱下囚衣和枷具，并由求愿者亲朋戚友携带食品在槐庙设宴聚餐。为庆祝杨公神诞，还特演杨公戏六晚，四个晚上由云路、梅亭、桥西、龙潭、登瀛等境余、李、彭诸族分别举行，两个晚上在槐庙由诸姓轮年举办。神诞期间，夜晚有台阁游行，热闹非凡。

杨易从兵部侍郎贬谪到此当一名巡检，并不因此而消沉，而是不以物喜，不以己悲，仍清廉敬业，恪尽职守，赢得百姓的爱戴。后杨易殁于衙所，杉洋百姓感念恩公，敬重英雄，建东山祖庙与槐庙祀奉杨公。如今杉洋四姓八境，每个境庙都供奉着杨公塑像。每年农历三月十三日是杉洋特有的纪念杨公节日，上下齐庆杨公诞，同看杨公戏，共祈平安，同倡明廉。

杉洋杨公神诞传统庆典仪式十分独特。每年农历三月十三日上午，是隆重的杨公巡游杉洋八境活动，杨公塑像端坐在八抬大轿上，在八仙、黑白无常、大头娃娃、彩旗、宫灯等组成的仪仗队伍簇拥下，巡游杉洋八大城门，同游的还有临水夫人陈靖姑、舍人爷。沿途百姓设香案、放鞭炮、供茶水、烧香烛迎接杨公神像，从杨公香炉中请香供烧于家中，以保佑全家安康。道家法师随着杨公队伍沿途作法祈愿，祈求合境和谐，乡闾平安。

最后，杨公与临水夫人、舍人爷的神像被迎请到槐庙，现在则在文化宫剧场，端坐后排，面朝戏台，观赏精彩的杨公戏。这个持续近一个星期的节日，是杉洋传统文化中的一道亮丽风景线，它虽已经沿袭八百年之久，杉洋百姓却仍乐此不疲，个中着实有其耐人寻味的道理。

↓ 杨公神诞

# 演艺习俗

## 迎坪民俗

迎坪民俗，亦称游台阁、迎铁枝坪、迓坪、搬铁枝等，是杉洋每年元宵节前后（陈夫人神诞）、杨公神诞等节日举行的民俗巡游表演活动。

迎坪民俗于明末清初传入杉洋，至今有近400年的历史，它融合了手工艺、美术、音乐、文学、戏曲、舞蹈、杂技等多种民间文化元素，呈现出新颖别致、惊险奇特、灵动优美的艺术风格。迎坪活动热烈、庄严、喜庆，观赏性、教育性、娱乐性俱强，同时以人们喜闻乐见的表现形式宣传正确价值观，传播正能量，表达人们对生活的美好愿望与祝福，具有很高的文化与审美价值。

表演时，将钢管或铁条焊接成枝状并固定于铁枝坪台架上，再把演员缚定在铁枝的各定点上，形成一套铁枝坪，然后用肩抬或推车等形式使数套铁枝坪沿街巷移动，在其他迎神队伍的配合下进行巡游表演。因为元宵节正是临水夫人陈靖姑的神诞日，所以迎坪民俗也成为杉洋陈靖姑信俗文化的重要组成部分。

具体来说，迎坪民俗包含铁枝坪制作和巡游表演两个方面。铁枝坪制作先要进行设计：一是设计内容，即确定铁枝表演内容，设计出要展示的场景，确定人物、道具等细节。代表作品有《精忠报国》《西天除妖》《盗仙草》《奶娘巡驾》等10多个。铁枝坪的设计高度为3~5米，铁枝设2~4层，一次活动一般设计3~6套铁枝坪。二是设计定点，即确定人物重量在铁枝上的受力支点位置，是铁枝固定部分与可拆卸部分的结合点。定点既要考虑承重安全，又要考虑多个支点间的受力平衡，同时还要考虑受力点之间铁枝过渡的隐秘性和巧妙性，这是设计的“核心技术”所在。铁枝坪利用铁质支架将装扮成各种戏曲人物的儿童表演者稳定在造型定点上，演绎各种传统故事。支架在所设计的场景中隐秘发挥支撑作用，几组铁支架形成铁枝坪，共同表现一个故事情节。铁枝坪经过民间艺人的不断传承与创新，如今所展现的作品大多构思奇妙，装饰精美，一些配套花木、造景用器等都达到了以假乱真的程度。铁枝坪表演一般安排在夜晚，在灯光、布景的交相辉映下，远远望去，台阁上的小演员们所扮演的金童玉女、神将仙姑等仿佛悬游在空中一般，奇异的景象令人叹为观止。

设计完毕后，进行铁枝坪制作，包括制坪座、焊铁枝、锁台、装饰等较为复杂的工序。

铁枝坪做好后，便可进行巡游表演。巡演亦称“迎坪赛会”，先要装坪，通过选演员、化妆、缚坪、上装、

↑ 迎坪民俗

↑ 铁枝坪技艺

↑ 巡演

锁定、上道具等步骤，完成铁枝坪的组装。接下来，便是精彩纷呈的巡街表演了。

以元宵迎坪为例，旧时迎坪一般都定在每年农历正月十三日至十八日间的晚上举行，现在一般定于正月十五日举行，如果遇雨则顺延。迎坪的路线，按传统惯例，队伍绕行旧杉洋城，一般从观音桥出发，浩浩荡荡，穿街走巷，经八座城门，最后回到槐庙。

迎坪队伍分为主队和前队。主队即台阁队，为数个铁枝坪组成的队列；前队即迓神队，由临水夫人仪仗、銮驾等组成，位于主队前方。

当代的迎坪队列一般为以下定式：1.开道（一般为闾山开道）；2.大锣；3.唢呐；4.龙灯；5.舞龙；6.彩旗；7.灯笼；8.腰鼓；9.临水娘娘銮仪队（含开道、肃静回避牌，女官，高照，娘娘銮驾，华盖，日月扇等）；10.八仙；11.状元；12.唢呐；13.三阳开泰彩车；14.铁枝坪（台阁）队；15.锣鼓队。各部分的展示都有其相应的艺术特点与文化寓意，如开道牌（又称“火牌颁行”），上书“闾山大法院，本院照得福建福州府古田县青田乡安乐里三十六都杉洋蓝田合境人氏、信士、董首等为请香镇境，保乡和宁……”行文古拙，内容涉及告知蓝田都城隍杨公、天门唐葛周三大将军等，体现了杉洋独特的陈靖姑信俗文化内涵。

待到夜幕降临，华灯初上，迎坪表演开始。巡游队伍声势浩大，逶迤而来。街道两旁乡民如织，人山人海，翘首观望。台阁队列作为主队在迓神队后面沿街巷一路巡行，演员们在铁枝上以各种姿态展示，手持道具，根据相关情节表演各式各样的动作。迎坪表演一般历时2～3小时，其精彩的造型，多彩的灯光，宏大的阵容，壮观的场面，深深吸引观众的目光，并逐步将活动推向高潮。

杉洋迎坪民俗有两个主要特点。一是“过枝”的艺术性强。过枝是指承受主要支撑力的铁枝在人物和布景中的衔接、过渡，过枝越隐秘，设计越巧妙，其艺术性越高。旧时杉洋迎坪要求各姓宗族都要自行做出一至三个台阁，以共同表演，各宗族都派出能工巧匠，尽力把铁枝坪做到最好，这其实就是一种暗中的做台阁竞赛，其中一个重要的比赛项目就是比“过枝”，大家都尽量提高过枝的隐秘水平。经过长期的竞技，各姓氏铁枝制作的过枝水平都很高。二是表演的观赏性强。杉洋铁枝坪不仅设计巧妙，布景独特，格调高雅，而且巡游表演的方式、技巧也很独特，常让人耳目一新。

杉洋迎坪在杉洋镇的民俗中有着十分重要的地位，它也是古田县内唯一留存并传承至今的铁枝表演，每年的迎坪参与人数都在5000人以上，丰富了广大群众的业余文化生活。

作为一张精美的文化名片，杉洋迎坪民俗也得到了外界的广泛关注，并得到了不少表演邀请。20世纪80年代，杉洋应邀到三明地区举行迎坪表演，得到了当地群众的高度评价。1993年，杉洋又应邀在古田县城举办大型游台阁活动，引起了广大观众的热烈反响，轰动一时。

“锣鼓喧阗遍八城，街头巷尾沸欢声。村童拍掌哈哈笑，未晚牵衣促看迎。”这是清乾嘉时期闽县举人刘云章写的杉洋元宵观灯赏坪的诗，这里的“看迎”，便是看迎坪表演，全诗体现了当年迎坪赛会的热闹非凡以及全境乡众的欢快喜悦之情。迎坪民俗在杉洋已延续了数百年，它凝聚了世代杉洋人民的智慧，展示了他们强大的创造力和生活热情，彰显了各姓宗族间的团结、协作与包容精神，体现了杉洋人民对幸福美好未来的向往。

## 龙桩拳演武

杉洋古有习武之风。唐代狮岩寺、凤林寺的僧人武艺高强。宋代杉洋余行霖练就八卦气功。明末清初，杉洋设练武厅，并在村南外建跑马场，参加习武者500余人，设有“三社七馆”武术社团，武艺高超者百余人。清乾隆年间，南少林寺龙桩拳师朱山到杉洋设武术馆，杉洋及外乡许多青少年纷纷前来，一时门徒云集，练武之风日炽。清末，杉洋组织乡社，“抽选后生有力量者百余人，奋武扬威，以防叵测”。长期以来，杉洋民间形成了以龙桩拳演练展示为主的演武习俗。

杉洋龙桩拳的开山祖师是朱山。朱山，字世德，福建省仙游县人，少时拜南少林寺名僧铁珠为师，深得其真传，武功超群。雍正年间，清兵大举清剿南少林寺，朱山趁乱袖怀其师珍藏的《正宗龙桩》出逃，辗转奔波。两年后，于福州被捕，处以十年劳役。乾隆年间刑满，官府刺字于其额，并用烧碱抹瞎其双眼后始释放。

↑ 龙桩拳

此后朱山以乞讨为生，后闻古田杉洋民众重武好义，遂于乾隆二十年（1755）抵杉洋。一天，他至余光祖店前行乞，余光祖见其虽墨面瞎眼，但气宇不凡，顿生怜悯，遂安顿其生活。朱山深为感动，便如实告以身世。余光祖及其弟宗祖、光维当即设宴拜师。朱山就将二册《正宗龙桩》交与他们保存。随后，杉洋李姚、余来安，屏南中洋村韦铜涛亦造门拜师。朱山悉心向六人传授正宗龙桩。几年后，他们均武功非凡，能将重达五百斤的“武石”高举过头，砍竹用手一抓即断；将手插入捆紧的小竹内，运足内功猛旋手掌，待手抽出时小竹已碾为丝缕。

乾隆三十四年（1769），宁德、古田、屏南三邑突发寇警，百姓惊惶逃避。朱山即着手创立乡社以御寇。时乡社中规模较大的武术团体有“三社”（述古社、连登社、同心社）、“七馆”（龙桩馆、虎桩馆、猴桩馆、犬桩馆、鸡桩馆、熊桩馆、鹤桩馆）。此外还有以家庭为主体、自立堂名的武术堂所（如仁义堂、智勇堂、武德堂等）百余个。诸多规格不一的武术组织除了主要传授龙桩拳外，还传授刀剑、枪矛、杖棍等武艺，盛况空前。

龙桩拳经朱山在杉洋始传后，被杉洋后人代代传承，发扬光大，并且名家辈出。20世纪后期，新华社福建分社、福建省电视台、福建省体委等单位联合录制《八闽武功》纪录片，专程到杉洋实地拍摄，这使杉洋龙桩拳享誉八方，也使龙桩拳演武习俗在杉洋有了更切实、巩固的传承。近年来，龙桩拳选手在省级比赛中获金牌7枚、银牌17枚、铜牌18枚，取得佳绩。杉洋龙桩拳已成功申报福建省非物质文化遗产，得到政府的保护和更为广泛的传承、弘扬与发展。

# 传统礼俗

## 祀祠祭祖

自古以来，祀祠祭祖都是杉洋各姓宗族的盛大活动。曾子曰：“慎终追远，民德归厚矣。”祭祖，在中国古代社会是国家的典礼，南宋之后，朱子家礼设计了祠堂祭祖，规定了小宗供奉上四代祖先，大宗祭祀始祖，“始迁及有封爵者，为始祖”。直到明嘉靖年间，皇帝“诏天下始得祭祖”，百姓才有了合法祭祖的权利。

古代，时祭分为四，春曰祠，夏曰礿，秋曰尝，冬曰烝。这其中，前三祭为薄祭，冬祭最为隆重。烝者，众也，即众人参祭。

尊祖敬宗，是中华民族几千年来传统的美德。祭祖的意义是缅

↓祭祖

怀祖宗恩德，激发后代孝思，承传祖宗智慧，促进社会和谐。慎终追远，更表现为源远流长，寄望后裔繁荣昌盛。

杉洋的余、李、彭、林四大姓氏皆源于中原望族，当他们植根于蓝田这块沃土后，氏族文化一直传承不衰。杉洋人一直以他们拥有壮观的氏族祠堂与沿袭不辍的家族谱志为骄傲。唐宋年间，杉洋祠堂与寺庙共存，祭祀祖先的活动就早已萌芽。南宋之后，杉洋祠堂的祭祖活动就比较盛行，所以历代以来，祀祠祭祖就是各姓宗族的盛大节日。根据情况与条件的不同，杉洋四姓氏祭祖分为定时祭与不定时祭两种，余、李两大姓一般五年举行一次大祭，而彭、林两姓则不定时举行大祭。

杉洋传统的祭祀仪式十分烦琐，须遵循既定的繁文缛节，据《蓝田古文化》载：清嘉庆十八年（1813）致祭三才堂支祠，备

↓ 祭祖

用的祭器就有合桌、香案、宝炉等35件，祭仪京香、红烛、大烛等15种，祭品全猪、全羊、坛酒等23种；临祭各执事有主祭、辅祭、显孙与祭、三献等，还有唱赞、读祝、引赞、司香、司席各若干人；赞唱仪式更是隆重，要唱赞“排班、班齐、发炮、摆鼓三通”，之后，才开祠堂大门；进门之后又有“奏乐、迎神、主祭者就位，与祭者各就位，整冠束带”，至此才进入“跪、初上香、献香、亚上香、献香、三上香、献香、叩首、再叩首、三叩首、兴、行初献礼”，接着又由引赞带领“行初献礼、盥手、净巾、诣列祖神位前，跪进爵、献爵、酹沙、酒注满”，三叩首后才复位（下位），最后引赞领“诣读祝文”。随着时代的变迁，如今的祭祖仪式相较从前已大为简约，但基本的礼仪仍是不可或缺的。

古代，杉洋祭祖的费用都来自“祭田”。每个族房都有祭田，子孙分居时从田产中抽出若干作为供养父母的膳典，父母亡故之后，此田转为祭田，由子孙依次轮流耕种，叫轮田，收成中的一部分就作为祭墓祭祖的费用。后来祭田制度消失，祠堂没有固定收入来源，祠堂祭祖一般都靠热心的宗亲赞助。

## 崇儒重教

长期以来，杉洋在民间逐渐形成了一种崇儒重教的美俗。杉洋旧为四县二府交通孔道，商旅往来不绝，杉洋一带“田家多制曲”，红曲畅销各地，形成了较为兴盛的商贸经济，为文化的兴起奠定物质基础。杉洋余、李、彭、林四大宗族均为“王侯将相”后裔，其始祖为中原南迁之望族，也带来了士大夫文化和中原文化的遗风。

南宋淳熙、庆元年间，大儒朱熹两度到杉洋，在余仁椿创建于五代的蓝田书院讲学，并亲自为其书“蓝田书院”匾额，朱熹在此授徒，有“十八门人”得其教诲。蓝田书院自五代到清代乃至民国，虽历几次损毁，而经数代修建，益显整肃壮观。杉洋村西有“擢秀斋”，朱熹曾讲学于此，该处至今垂存有朱熹手书木刻对联“碧海开龙藏，青云起雁堂”一副。“先贤过化”，更是直接促发了杉洋形成崇儒重教的风气，一直以来，杉洋士民都有“人文崇孝弟，家贫亦业儒”的传统习惯。另有社学、蒙养室、文昌阁、文龙书院、林氏家塾等诸多办学场所。

杉洋“崇儒重教”之风年久日盛。那朱子高徒林泽之立于杉洋西城门的“先贤过化之乡”古碑，以及后人所立的朱熹在杉洋所到之处留下墨迹的诸多古碑，铭刻着一代代杉洋人对先贤教泽的缅怀和自豪；朱子“忠孝持家远，诗书处世长”和“行仁义事，存忠孝心”等对联墨宝在杉洋古宅民居中随处可见；朱熹在杉洋的神奇传说，在民间口碑中世代相传……

# 节日习俗

## 五月初四过端午

杉洋的端午节一直保持着明清传统，与周边一些地方在农历五月初五过节不同，是在五月初四过节。清乾隆版《古田县志》载：古邑“端午插蒲艾于檐，饮蒲酒，裹米粽，先亦以相馈，小儿以五色丝系臂，舟人竞渡逐疫，按闽俗以四日泛蒲酒，五日为闽王忌”。

按闽人旧俗，皆是在五月初四过端午节，如明万历《福宁州志》载：“相传闽王以五日薨，凡闽产者怀王之德，不忍是日为乐，故移于四日。”明嘉靖版《宁德县志》亦载：“端午，相传闽王以五日死，俗以四日为节。”对福建经济和文化发展具有重要意义的闽王王审知正是在五月初五去世，闽地一些地方的百姓尊奉他，爱戴他，所以有不以其去世的初五日为端午节的习俗。只是后来许多地方未承袭旧制，被中原习俗同化，变成五月初五日过节。

## 佛道兼容中元节

俗话说“十里不同风，百里不同俗”。杉洋人不仅有过中元节的习俗，而且过法十分特别。

大多数地方的中元节是在农历七月十五日过，而杉洋则是进入七月后，以十五为限，可以任选一个吉日过节。各家备许多酒菜，而光饼（当地一种烤饼）是不可或缺的（这也许与过去生活艰辛有关，所以杉洋过去把中元节戏称为“光饼节”），而最重要的是要为先人烧许多冥钱——一种在粗草纸上用“钱凿”打出许多连体铜钱形廓的纸钱，以及纸“银锭”。

一入七月，家家户户都要“迎祖先”，在米缸里装满大米，让祖先回家“摸米缸”，证明家里丰衣足食，让逝去的先人放心、高兴。

供奉给先人的酒席都设在晚餐，宴席不拘荤素，尽量丰盛，每样菜都得煮熟，摆放整齐，香茶醇酒必不可少，还要煮满满一锅的白米饭。酒菜上桌后，屋主先烧一堆给先人“家僮使女”用的纸钱，让他们去请自己的亲人们过节，再烧一堆给门户神“神荼郁垒”“门丞户尉”，表示对护卫平安的谢意，最后再到门口烧一堆纸钱给“无主孤魂”，以表慈心善意。

接下来就是让先人们安心享用“供餐”了。一炷香烧完，说明先人们已酒足饭饱，可以开始烧“钱”化“银”了。一般都从上三代祖先烧起，一堆纸钱附一张“钱票”，主人还要念念有词，喊着祖先的名讳，把纸钱用火点燃，孩子们则拿着棍棒在旁边守着，防止“阴间穷鬼”抢夺。钱币的数量当然亲疏有别，到了父母这一辈自然烧得最多。

旧时，杉洋民众除了过上述属各家各户个体的中元节外，还集中在七月十五日这一天过“盂兰盆节”。盂兰盆节本来是佛教徒为追荐祖先、供奉佛祖和已升西的僧人而举行的。佛教《盂兰盆经》记述了佛陀大弟子目连救母的故事，因而盂兰盆节被民间借用为孝敬先人、慎终追远的祭祀形式，与七月半的鬼节合为一体，不分道与佛。杉洋的玉京观、真武宫、三灵宫等都是道佛合一的场所，盂兰盆会多在这些地方举行。

杉洋古镇除承载了宗族、儒学、古建筑等文化外，还有众多别具一格的文艺传承，如流传千年的田园盘诗、民间讲古，充斥于厝屋祠庙、家乘族谱中的楹联诗词文赋，以及千百年来傲立于山林风雨中的摩崖碑刻等。这些，也正是杉洋余、李、彭、林诸姓“子孙诗书礼乐，代不乏人”的见证。据统计，杉洋有相关乡土文艺遗存作品万余个（篇），可谓灿若星辰，其中不乏精品佳作。

↓ 蓝田书院侧面

# 第五章
# 文艺集萃

# 杉洋盘诗

“盘诗”是旧时在“福州十邑”流传较广的一种民间对歌形式。盘是“盘对”“盘答”的意思，又含“盘虞”的乐趣。盘诗是民间通俗的乡野文化活动。古田盘诗在乡间较为普遍，旧时在杉洋特别盛行，其独特的盘诗形式至今仍为人津津乐道。

所谓“盘诗”，就是长幼吟诗比赛，只论输赢而不分名次。盘诗内容多出自《三国演义》的故事，也有唐诗和乡土掌故，其形式多为四句七言，首句起兴，接着三句就是简明的叙事。盘诗多由村里文人精心编作，然后口传儿童或大人，也有有心者集成册子，传承下来。

盘诗最盛行的是在夏天乘凉之晚和中秋明月之夜。彼时，或在凉亭，或在街上，或在溪边，由双方“代表”进行互盘，双方“军师”加以指导，旁观者各执一方加以助阵，直盘到输赢见晓，一欢而散；有时也不服输赢，则以“臭”诗互骂，结果不欢而散。村里儿童盘诗多在拔草、砍柴、牧牛间歇，在田间、山垅、溪边互相挑战盘诗，他们事先从大人那里学来了许多“三国”“唐诗”什么的，往往对盘得忘乎所以，乐而迟返。

杉洋盘诗之所以独盛一时，究其原因，杉洋是历史悠久的千年古镇，人口稠密，人才辈出，人文兴盛。读书人吟诗作赋，平民百姓则俚歌俗唱。

盘诗作为一种近似文字游戏的活动，具有一定的挑战性质，人人希望在盘诗中能展露才情，取胜对方，所以在各村落之间、各姓氏之间、各境之间、各类人群之间，往往会形成一种竞争。盘诗手们就看谁盘的诗多，谁盘的诗内容丰富，有针对性，想方设法打败对方，以体现自家一方的水平高为荣耀。

盘诗常在山野中进行。杉洋良畴广野，群峦叠嶂。山峦相对，溪河相隔，耕夫、樵子、牧童活动其间，有一方撩起话题挑战，盘诗活动就可能会产生了。挑战者往往用激将法激怒对方，也是用诗的形式发端，如："对面傀儡（小孩子）毛（没）读书，看见黄牛汉其（以为是）猪。相拍（打架）贴你一边（一只）手，墘棋（下棋）贴你一头（一只）车。"对面的一拨人也不示弱，笑骂道："对面鬼仔腔莫宽（别说大话），一字卖八（不认识）牛栏番（横坎）。爱做草蜢撩（挑逗）鸡（公鸡）啄，先过我胯下这石（一）关。"就这样，两拨孩童就隔山隔水地盘开来了。

盘诗多在年轻人之间和儿童之间进行。年长者往往助阵其中，暗中点拨提醒。这种盘诗，谁也不想认输，往往在笑骂声中草草收场。

盘诗的内容十分庞杂，天文地理，风景人物，习俗时事，生活细节，东拉西扯，没有受诗歌形式的限制，也不讲究什么格律意境，但很讲究方言押韵，以七言四句为一首，字字明白，声声入耳，好说好听，带有一定的趣味性、娱乐性。不少盘诗是靠盘诗手的灵窍，随机应变，脱口而出，风趣横生。可以说，它是民歌中的"下里巴人"。

盘诗原本是在山野中进行，作为劳作中的消遣或是童稚之间的闲趣。因为盘诗人群也常在巷里间，所以盘诗活动也会在"三余"时间里，将山头地尾的盘答演变成村头巷尾的对歌。盘诗带有挑衅性，唇枪舌剑，有时也会引发矛盾，争吵的事时有发生。但都是乡里乡亲，烟消云散之后，反而促进了人群的和谐。那些俚歌俗调，往往也会盘出朋友来，盘出爱情来。

在盘诗中，有些内容会从盘诗中剥离出来，单独成诗，或成为一首民歌，也十分可贵。比如有一首写杉洋城墙的，就是从盘诗中剥离出来："成字加土就是城，杉洋石城真出名。残兵土匪来侵犯，大小喽啰难进城。"有一首嘲笑无知的俚歌，也是从盘诗中剥离出来的："二字加横就是三，水牛行路脚班班（一摆一摆的）。黄牛问汝看什么，丘里布兜（稻苗）喊其干（以为是茅草）。"

杉洋盘诗是杉洋乡土文化中的一朵奇葩。李扬强先生在《蓝田古文化》中收集了一组杉洋民间盘诗，用古田话写成，十分风趣生动。兹摘录如下：

甲：撩你盘诗撩你盘，
料你对面山溪、坨傀儡（小孩）畏（不敢）来盘，
我有"三国"好诗一簸箕，料你毛（没）尿畏来盘。

乙：对面山溪、坨臭屎腔莫宽（别说大话），
这边我李白着（在）山岗，
"三国""唐诗"凭你盘，没盘就叫你毛路墘（没路可走）。

甲：（喊道：那就来盘一盘吧！）
可字三督（点）就是河，曹操割须无奈何，

马超一枪“超”过去，毛啦（没那）柳臭命就毛（没了）。

乙：竖钩两督就是小，浩然困眠没长（不晓得）了，

一困一鼓透天光，没长花落务（有）多少。

甲：艮字一点字是良，关公骑马奔前沿，

酒歓（倒）三杯枯（都）没清（凉），斩了蔡阳毛（没）商量。

乙：门字加日字是间，李白飘须上庐山。

写下“瀑布三千尺”，疑是“三井龙王”下凡间。

甲：竖心加意字是忆，刘关张三人聚一起，

桃园结义英雄汉，雄踞蜀国重忠义。

乙：礼旁加申字是神，杜甫写诗第一人，

“春夜喜雨”谁能比，润物甘霖奇妙灵。

甲：火字重火字是炎，诸葛亮城楼弹月琴；

司马懿父子来观看，病哑仔手比两个人。

乙：娄字加木字是楼，滚滚黄河入海流；

目周（眼睛）着（要）望千里远，攀上天梯够（到）悬楼。

甲：（感到盘“三国”赢不了“唐诗”，就换了盘“对答诗”）

文字则刀字是刘，什么起厝起高楼？

什么起厝起海底？什么起厝水面流？

乙：文字则刀字是刘，喜鹊起厝起高楼，

龙王起厝起海底，曲蹄（船工）起厝水面流。

甲：什么飞过出出乌（乌黑乌黑的）？什么飞过白铺露（灰不溜秋）？

什么飞过头顶过？什么飞过咀唧土（嘴衔泥土）？

乙：老鸦飞过出出乌，喜鹊飞过白铺露，

老鹰飞过头顶过，燕子飞过咀唧土。

甲：（感到这“对答诗”也难不倒对方，又另换“掌故诗”）

工字三督（点）就是江，大侬奶祈雨到江当（江中），

毛时遇到长坑鬼，四头鸭姆四角框。

乙：工字三督就是江，大侬奶保胎到天光，

毛管带身（怀孕）去求雨，追杀蛇精到临水。

甲：（感到今日遇到盘诗高手，欲罢而不好意思，最后只好且盘且跑远了）

共你盘诗毛算盘，几首臭诗盘了盘，

老侬爸我……我老侬爸，教你一担好盘再来盘。

乙：共你盘诗务（有）算盘，我一担好诗还没盘，
料你毛尿输定了，再学三年再来盘。
（乙方同伴一起欢呼“赢了啦！赢了啦！”）

从以上盘诗内容看，是一首七言四句诗，首句多是以一个字为起兴，引发下文，这也是盘诗诗作中的一大特色。本段盘诗语言属古田杉洋方言，乡土韵味十足，盘起来琅琅上口。但如今随着方言不断改变，逐渐失去了原有盘诗的魅力，只有那些上了年纪的人，还能对它津津乐道。

杉洋盘诗作为乡土文化的遗存，有挖掘与研究的重要价值，毕竟它是最接地气、最质朴的乡音，带有浓郁的乡愁情结与乡土文化的清芬，值得我们去传承和弘扬。

↓ 远眺蓝田书院

# 民间故事

## “通乡拓主”杨易

杉洋东山庙，又称“岭头堂东山庙”或“东山祖庙”，位于杉洋镇区东面的东山出村隘口，正殿主祀“都城隍”杨易，配祀灵通舍人爷。

杨易，字明善，浙江山阴人氏，杉洋乡众尊称其为“杨公”“杨相尊公”，奉其为蓝田“都城隍”“通乡拓主”。杨易为南宋朝官，曾任兵部侍郎，与宋大儒朱熹同为理学一派，因劝谏韩侂胄丞相，被贬为古田杉洋巡检司巡检。杨易与唯一的随从舍人盘缧箹到杉洋巡守东山关隘，兼管地方事务。

↓ 东山庙

杉洋古代又称“杉关”，是因路通多县，扼九邑咽喉，长期为闽东的重要交通枢纽，宋时设巡检司，明清时期设捕盗馆，是历史上的军事要地。巡检司设在旧杉洋城东面的东山隘口，此处为各地官民通行的必经之路，且易守难攻，适合设置关隘。

杨易从六部高官突然被贬为一个末品捕盗卑职，在政途上遭受了巨大打击，但他不以物喜，不以己悲，不因受贬而消极，从容坦荡地带着忠心不二的舍人盘缧笳，安心在此守关，管理事务。杨易为官清廉，爱民如子，赢得合乡百姓的爱戴。他明察秋毫，善辨贼盗，秉公执法，刚直清正，宁可忍受长期孤寂，坚守关口，也不贪图享受，移居山关内域。他从不放过一个奸盗之徒，更不允许他辖下的百姓受到半点伤害。据传说，杨公曾侦破多起匪盗密谋的洗劫乡村案，数次让杉洋百姓免受灭顶之灾。

杨易有恩于乡众，乡人感恩戴德，称他为“再生父”。后来，杨易积劳成疾，但仍带病处理公务，他形容枯槁，却目光坚毅，拄杖率部守隘。嘉定初年，杨易鞠躬尽瘁，正坐衙所案台前而殁，殉身职守。侍从官舍人盘缧笳对主人忠贞不渝，见杨公殉职，誓不事二主，亦不苟活，慨然自刎殉主。

杉洋百姓闻杨易主仆二人殁于东山隘口，皆悲痛不已，含泪厚葬二人。并在杨易守卫过的东山岭头堂隘口建东山庙，主祀杨公，配祀盘舍人，奉杨公为三十六都蓝田界内“都城隍”，尊称“杨相尊公”。杉洋四姓八境，每境宫庙都供奉杨公塑像，祀之为“通乡”，即拓主神。蓝田旧属古田青田乡三十六都，祀杨公为“通乡”即祀为青田乡拓主之意。

杉洋人世代称杨公为“大恩主”，杨公主仆二人因刚正、清

↑ 杉洋独有的杨公信仰

廉、忠诚、信义，成为杉洋百姓崇拜的英雄人物。每年农历三月十三日，是杉洋人纪念杨公诞辰的盛大节日，全村上下齐庆杨公诞，举行传统的游杨公活动，由乡众组成仪仗队伍，前往东山祖庙恭迎杨公宝驾，队伍抬着杨公、舍人爷塑像巡游杉洋八大城门，沿途百姓设香案迎接，晚上同看杨公戏，共祈风调雨顺、合境平安。

清末福建著名书法家杉洋李方莲曾为东山祖庙题写过一副对联，联曰：掌九邑咽喉，想当年为国为民，铁印树勋崇北阙；竖千秋保障，喜此日寿身寿世，金垒酌酒庆南山。此联为乡人传诵百年而不衰，脍炙人口，概括了杨易一生功绩与名传千载的口碑，表达了百姓对勤政爱民的清官廉吏的敬仰。

### 舍人爷殉主

舍人爷，亦称通灵舍人爷，姓盘名缧笳，因任杨易侍从官舍人，殁后配祀杨易之侧，百姓尊称其为“舍人爷”。民国版《古田县志》载：“溯舍人爷在昔，生居异域，依附杨公，随归中国，血性彤张，不事二主，以身殉公，民咸义之，故祀。”

盘缧笳出生于异域茅山峒，自幼好骑马，善狩猎，居于蛮荒野林。缧笳少年时因杨易钦差其国，相遇山林，得杨公点化，顿悟天人之道，遂怀感恩。又因敬仰杨公刚直奉公、清正廉洁的高尚品德，决意依附杨公，为杨公门下侍从私官。古代王公贵族可设置私家官职或幕僚门客，称之舍人。

↑ 舍人爷像

缪笳血性刚强，忠义耿直，一生追随杨易于鞍前马后，尽心竭力。杨易被贬官后，更是追随他来到杉洋巡检司赴任。

杨易在巡检任上殚精竭虑，呕心沥血，关心百姓疾苦，一心为民解难，体恤乡人，这种感情胜过了父母对子女的关爱，杉洋人都称他为“再生父”，极为尊敬和爱戴。而盘缪笳紧紧跟随杨公左右，勤勤恳恳，任劳任怨，为杨公镇守杉关、保护乡民立下汗马功劳，人称“蓝田都总管”。相传这位“都总管”还有个绝技，那就是医术出神入化，舍人爷不仅乐于为人看病，而且济困扶贫，有的病人家庭困难，连抓药的钱都没有，舍人爷便会施法力于药方，病人只要把舍人爷开的药方烧成灰，泡水喝下去，就会水到病除，甚为神奇。

后来，杨易因公事劳瘁致疾，殉职于巡检公署。盘缪笳悲痛之至，秉忠烈之心，誓不事二主，遂跪于杨公灵前，拔剑自刎，随公而去。

乡人闻杨易殉职，如丧己父，悲恸而葬之。同时乡民对盘缪笳的忠义厚德亦深为敬重、崇仰，配祀他于杨公之侧，尊称“舍人爷”，以永享后世蒸尝。

杉洋乡人一直不知道舍人爷神诞于何时，故难以候日庆典。直到清雍正八年（1730），杉洋云路境余氏乡人雕刻了木舍人爷像供在云路境宫，并特请神灵扶乩，方才占知舍人爷的诞辰是农历二月初二日，正合了龙抬头之吉象。从那时开始，人们便在二月二日纪念舍人爷的诞辰，特别是夏庄村民众，尤崇拜舍人爷，早已将“舍人爷”改称为“舍人公”了。

## 节义之士康太保

康太保，姓康，不知名讳，因曾被敕封为太保，故人称康太保。康太保在杉洋历史文化中是一位不可或缺的重要人物，是世代杉洋人敬重的文武双全而又仁义节烈的古代贤人代表。在蓝田书院的乡贤祠里，祀有康太保，在杉洋及邻近乡村，都建有专祀或配祀康太保的祠庙。

↑ 康太保神位

康太保原是南宋宁宗朝的儒学大家，为权相韩侂胄所看重。当时朱熹在武夷山讲理学，河洛京城一带士人闻之，纷纷斥为伪学。朱熹遂遁迹古田杉洋，设馆于杉洋山中，择当地俊才教化之，理学遂昌于东南。韩侂胄闻之，欲剿绝朱学，派康太保入闽，一旦侦知朱熹下落，即行诛杀。

康太保携弟子至杉洋，闻弦歌不辍，深慕朱熹为人，以为自己不如他。等见到朱熹，朱熹拿出自认为最好的下饭菜，太保一看，十分惊讶：仅是一碗粗粝之饭，菜仅一碟蒜末、一碟豆豉而已。康太保知道朱熹在生活上十分俭朴、寡淡，但在学问上要求很高，朱子忧道不忧贫，康太保对此极为敬佩。

康太保自思不杀朱熹无以复命韩侂胄，杀之则毁灭了一位上天赋予的有巨大才能的圣贤，罪莫大焉。经过激烈的思想斗争，康太保最终选择了宁可自己死，也不能让世上少了这么一位有经天纬地、匡扶社稷之才的朱子，于是自戕于古田溪山书院之下剑溪水边。

当时的乡众感动于康太保的仁厚节烈，遂立祠奉祀，祠曰太保祠，定于每年重阳日致祭，以彰太保节烈仁德，当时古田的朱熹门人更是无一不奉祀他。

太保祠历代均有修缮，庙宇常新，永荐馨香。清建宁府学教授，杉洋文士余泽先曾写有名诗记颂之：

太平宫外芊芊草，犹忆当年康太保。千古遗下口碑传，一身殉将宝剑老。蓝田俎豆万山中，济济衣冠祀晦翁。斯文未丧知谁力，留得弦歌玉邑东。

↑ 太保祠

## 传奇逸士米仙

康熙年间，杉洋举人余胤永建成风格独特的八角楼、万年湖和水心亭，成为杉洋当时最亮丽的景观。

这年，一位破落才子模样的人来到杉洋，驻足八角楼前，用柳枝作笔，在楼前的沙地上写字，写了又擦，擦了又写。余胤永凑近一看，沙地上的字颇有骨力，便与之攀谈。这位破落才子模样的人说，他所写的是扶乩的字，会通达神灵。原来，他有降乩之术，能通过扶乩，使神人相通，知吉凶祸福。余胤永是风水迷，便将他邀至家中。在交谈中，见他谈吐不凡，通今博古，相貌儒雅，便引为

↑ 水心亭

座上宾，让他住在八角楼上。

降乩又叫扶乩，是道教中一种能通达神明的方法，通过扶乩使神与人相通，即真仙通过乩手以柳枝笔在沙盘上写文字，向信众传达神明的讯息，这样，这乩手其实也是仙人了。这一道教活动当年在乡间很盛行。这位乩手，被人称为米仙，但不知是因为他姓米，或是他的字像米芾，反正米仙藏在余胤永家在杉洋已是家喻户晓了。然而这位米仙深居八角楼，从不见人。乡人知道他的书法好，便有人通过余胤永向他求字。米仙有求必应，但字写好了，是从楼上用竹篮子吊下去让人取走，极少与求字者谋面。有人听到传闻，说他原来是靖南王耿精忠的谋士，耿精忠反清兵败后，他便逃匿到这里来，真假无从考证。但米仙有降乩之术，诗文书法俱佳是真实的。

余胤永在八角楼前建万年湖，在湖心建水心亭。这里是文人雅士聚会的雅处，每年元宵、中秋都会在这里举行灯会。这位米仙也乐于参与这样的雅会，显露一下自己的才华。他曾为水心亭留下的两篇记，一篇是《水心亭记》，一篇是《水心亭灯集记》。所幸被杉洋文士余廷章抄录在册，使后人得以一览其文采。可惜他的墨宝，如今已难寻只字片纸了。

米仙后来怎么离开杉洋的，也很有神话色彩。

米仙在八角楼住了一段时间后，有一天早上，他突然要与余胤永作别。他对余胤永说：“县令屠公以吾为妖，今带捕役来，至某处，君宜整衣冠出迎，且待其未问而告之。”

米仙走后不到一个时辰，果然有几个捕役闯进八角楼要抓捕米仙，结果扑了个空，有人看见米仙往狮岩山仙洞上去了，从此便杳无信息。

## 谢神童神笔题桥

相传杉洋唐代曾有“三十六庄”，多个姓氏人家错落散居在杉洋广袤的山野之间。在杉洋村通往白溪、溪门交叉的白溪岭尾，有个地方叫谢厝坪，也称金鸡岭尾，五代时曾有谢姓人家居住于此，谢神童的故事就发生在这里。

有一天，从宁德霍童来了一个算命先生，刚到白溪岭头就隐约听到一阵阵小孩子的读书声。他顺着声音寻去，到了这户人家的草屋前，遇见一位老婆婆，就问：“你家里有人在读书？”老婆婆告诉他，家里除了她，只有儿子和媳妇，没人读书。算命先生又问：“你媳妇有喜在身了么？”老婆婆正愁媳妇就要临盆了，家里要钱没钱，要物没物，儿子出去向人求借还没回来，哪有心思同人家闲扯，不搭不理自做事去了，先生只好叹气走开。

半夜时分，媳妇生下一个白胖男孩，满屋异香扑鼻，一家人欢天喜地。老婆婆想起算命先生的问话，似有所悟。这孩子长到三岁，有一天骑在鹅背上玩，被父亲责骂，他竟说是“骑鹤上扬州”。后来，这孩子的父母都因积劳成疾相继去世，他就和祖母相依为命，从小就会帮祖母做杂务。他人小，记性特好，聪明好学。祖母送他上村学读书，他过目成诵，会背很多诗文，乡里人都称他为谢神童。

孩子十岁那年的一个晚上，几个过客和打猎的人在他家草屋前避雨。不久，雨霁天青，新月初上，谢神童一时兴起，居然脱口吟出一首咏新月的诗来："初出如钩未上弦，黯然寄在碧云前。时人莫道娥眉小，十五团圆照满天。"

谢神童有一次路过鹤塘西洋村，村里正在造桥。谢神童一时文思泉涌，趁着造桥木工回村里吃饭时，便在桥柱和桥梁上挥毫题联。题在中梁上的联句是："中国有至仁，书同文，车同轨；圣人必得寿，月重轮，星重辉。"联句辞藻新奇，气势不凡，完全超脱一般题桥联语的文意，读来像神仙真言，又像佛家偈语，颇带神秘感。

传说，谢神童题完诗就不知所踪。造桥师傅回来一看，满柱满梁墨迹淋漓，题满这些不知所云的神奇联句，便用刨刀要把字刨去，但墨迹已入木三分，屡刨屡现，木匠们幡然有所悟，也就让这些文字保留下来。由此，人们就把这座还未命名的木廊桥叫做沉字桥。后人有句赞扬沉字桥："玉田桥第一，神笔世无双。"

也有人说谢神童写的《新月》诗被人诬为反诗，闽王派兵赶到杉洋，把谢神童抓走，杀害了。同时，把他的草屋也烧了。如今这里只有废基残础仍依稀可辨。历代以来，人们在杉洋的这条官道上经过，都会谈起谢神童的故事。

## 朱子的传说

宋代大儒朱熹曾在蓝田书院等九大书院讲过学，人称"朱子"，他教出了不少俊才学生，也留下了许多神秘有趣的民间传说故事。

**"勘红线"** 人们都说"千里姻缘一线牵"，这里所讲的朱子的故事，却是“千里文缘一线牵”，具体说来，就是有一条红线把朱子和古田西山魁龙书院院址连在了一起。

话说有一年，朱子从尤溪县来古田。他顺着闽江向下走，忽见路上现出一条若隐若现的“红线”，于是他紧跟着这条红线走呀走，走到了古田西山。这时，红线断了，不再向前延伸。朱子认定这里是块宝地，要选它作办学之址。因为能与朱子的“文明之气”连在一起的，必定会是一个“文兴之地”。当然，说是朱子被红线所牵，但实际上应该说是朱子用了“圣人”之法，勘察到了这条文化红线，并找到了一个建院兴学的“宝地”。

朱子提议在西山建个书院，具体坐落方位也由他亲自选定，就是在西山“大门头”左边一个最向阳的地方。听说要建书院，西山

↓ 蓝田书院

人都很乐意，有钱的出钱，有力的出力，不久就把书院建起来了。书院由朱子起名为“魁龙书院”，并题匾。因为地点在西山村，古田老百姓又称它为“西山书院”。

书院开学后，来求学的学生很多。村里有两个细仔（小孩）也很想读书，但没钱，每天上山讨柴回来就去书院扒窗口偷听朱先生讲课，记下了好多文章。后来朱子知道了，很喜欢他们，无偿收下他们做学生。这两个细仔聪明又好学，后来都成了很有学问的人，他们一个叫林用中，一个叫林允中。

**网蚊虫** 朱子在蓝田书院讲学时，到了热天，书院里蚊虫很多。它们个子大得像苍蝇，叫声大得像雷公，烦死人！这让先生和学生们课也没法上，觉也没法睡。

朱子拿来一把蒲扇，用朱笔在上面写了一个“网”字，再用扇子将蚊虫一赶，叫一声：“统统到墙角去！”说来也神奇，蚊虫好像都听他的话似的，乖乖地飞到屋角去，挤成一团，不动也不叫，就像被蜘蛛网粘得死死的一样。只有到晚上朱子吹灯睡着了以后，才会有一两只蚊虫敢轻轻地叫，慢慢地飞。

据说在杉洋，直到现在也还是很少有蚊虫，有人说这便是当年朱子网蚊虫的结果。

**点绛蛙** 在闽浙一带，有一种青蛙很特别，在它们的头上都有一个红点。据说这种青蛙是从古田西山传出去的，而且那红点正是当年的朱子用朱笔点的。

传说朱子在西山魁龙书院讲学时，正遇上大热天的晚上，书院外头田地里的田狗（青蛙）“呱呱呱，呱呱呱”地叫个不停，吵得学生们没法读书。朱子派一个学生去田头传话，叫田狗不要吵吵闹闹，田狗当下便没声音了。但次日晚上田狗们又大叫起来，朱子又得派学生去喊话。朱子觉得这样天天叫人传话很麻烦，便想了个办法，他用朱笔在纸上画个圈，圈当中再点一点，然后把纸张丢到田里。说来也奇怪，只要朱子在书院里，那些田狗都不敢叫了。并且人们发现，田里每一只田狗头上都多了一个红色的小点。

直到现在，古田西山及周边地区的田狗头顶都仍有一个绛红色的小点呢。

**收狐丹** 在古田旧城溪山北门外的山脚下，有个地方，几百年来都叫“狐狸坂”（后改名“芙蓉坂”），相传这与朱子当年“除狐收丹”的故事有关。

朱子在溪山书院讲学的时候，有一回，发现学生们个个脸面黄黄瘦瘦的，无精打采。朱子不放心，经过七查八问，才知道实情原来是这样：每天日头落山时，总有一个绝色女子来到书房窗前，伸进手来向学生们讨要口涎吃。

朱子心里明白其中的缘故，嘴里却不说。等到日头落山时，他扮作学生模样夹在他们的人堆里等那女子。果然，她又来了，并又把手伸入窗口向学生讨口涎，身上飘出一股狐狸臊味。朱子马上伸手用朱笔在她手掌心写了个“大”字！那女子大惊，赶紧缩手，不行了，手已经变成蒲扇那么大了。她大哭起来，求朱子放了自己。朱子说，放你可以，你得讲清来历。这女子只好招认自己是修炼多年的狐狸精，就住在书院附近，讨口涎吃是为了炼腹肚里的仙丹。

朱子要求她把丹吐出来，她虽不肯，但手被卡着，没有办法，只好吐了出来。朱子赶紧把仙丹接到手里握紧。忽然，手心骤热，他不舍丢弃，又无处安放，无奈之下，便吞下了仙丹。朱子又用笔在女子手心上写了一个“小”字，那狐狸精的手就“倏”地一下变小了，她连忙把手缩了回去，逃走了。

朱子担心那狐狸精会来报复、抢丹，就去请教天王寺的老和尚，老和尚教他马上吃下五谷就会没事。朱子依计吃下了五谷饭，果然，仙丹被五谷消化，这下狐狸精再也要不回仙丹了，她绝望中现出了原形，最后死在了溪山北门外山脚。这个地方从此就被乡人叫作“狐狸坂”。

传说朱子吃下那颗仙丹以后，神通突然变大了，会穿墙过壁，腾云驾雾。他每日可以在古田九个书院间来来往往地讲学，教化生徒，所以民间有“朱子一日化九斋”的话头。

↓ 朱子精神，代代传承

# 楹联诗词文选

## 楹联选

### 蓝田书院联

夏曰校，殷曰序，周曰庠，无以异也；兴于诗，立于礼，成于乐，不在兹乎？

立雪，登云。

春报南桥川叠翠，香飞翰苑野图新。

雪堂养浩凝清气，月窟观空静我神。

东壁图书府，西园翰墨林。

诵诗闻国政，讲易见天心。

豹变南山雾，鹏抟北海风。

### 文昌阁联

孔夫子，关夫子，朱夫子，三位夫子；写春秋，看春秋，继春秋，一部春秋。

宫阙天威近，濂溪世泽长。

人生有乐地，流水无尽期。

### 蓝田乡约堂联

愿合枌榆敦礼让，且修苹藻荐馨香。

**祠堂联**

狮嶂钟灵持厚，蝉林流泽孔长。

狮岩巍峨横北极，马峤雄姿卫南天。

先祖功德绵长百代，冠裳鹊起；后昆英才继延千秋，簪笏蝉联。

太姥留诗，万世传佳话；蝉林分派，千秋庆绵长。

资创蓝田，桃李争艳；理行赤县，百家同风。

八贤望重家声远，三谏风高世泽长。

立万代楷模，斩棘披荆思祖德；为天下师表，出悌入孝仰家风。

一龙飞腾九百里，里里有仁里；三潭掩映六老峰，峰峰皆奇峰。

系出下邳，数百代簪缨络绎；派衍闽疆，垂万年瓜瓞绵延。

鹿洞衍薪，传百代人文蔚起；蝉林崇树，本千秋子姓瓜绵。

柱史振西陇，望著函关，文献诗家有自；观察开南闽，芳流古邑，诗书继世无穷。

世业裕文章，昌谷胸罗廿八宿；宗风崇道德，伯阳经著五千言。

柱史著家声，褒德封侯百代功勋垂不朽；天潢绵长泽，积经启后千秋诗礼美相承。

绍柱史之宗风，函谷关中，尹迎紫气；溯谪仙于当日，长安市上，酒醉青莲。

蟠龙戏水呈金印，勒马回风倚画栏。

德业并山河，俎豆馨香同四海；勋名照日月，烝尝禴礿及千秋。

天若有情，应昭世世行善事；人谁不死，独将代代留芳名。

奎星高照源流远，枫埔蕃衍世泽长。

金堂圣地源陇耀八闽沐福斯貌，公训宋风孝弟共四海流分是祠。

宗兴族谊遵右丞遗规钦崇祀典，子孝孙贤承惟公懿训等念伦纲。

迹肇平阳，百年礼乐家声远；流派陇西，万代儿孙世泽长。

源流陇西，簪缨万代宗功远；派衍蓝田，兰桂千年祖德馨。

郡出陇西，肇迁蓝田源流远；支分伞树，派衍仙湖世泽长。

伟绩传华夏，雄风镇蛮夷。

一代忠勇宗风远，八闽联珠世泽长。

礼本独探学宗百代，孝泉继涌派衍千秋。

勿把词章谋利禄，须将侯育入经纶。

远宗乃帝室司徒派下，近祖为商家子孙分支。

余姚功绩名垂百代，定海威风永绍千秋。

老菊凌霜显壮志，苍松抱雪尽忠姿。

玉杯湛露歌三雅，绣幕围香读六朝。

## 屋宇联

栋宇壮奇观，美此日鸟斯革翚斯飞，华构光昭世业；

山川钟秀气，卜他年凤之毛麟之趾，箕裘丕振家声。

鸟革翚飞，卜筑光昭世业；象峰狮岩，祥光并护华堂。

松茂竹苞，百代规模诒燕翼；兰馨桂馥，千秋科甲庆蝉林。

先泽常垂，要念克承乎先志；宅身何籍，当思无愧于宅心。

入室有藏书，韩碑柳传；持家惟法古，晏俭陶勤。

礼门义路是一家规矩，经田艺圃真万代根苗。

素位而行，问心无愧；青春不再，成志宜先。

姜家被，田氏荆，宜兄宜弟；晏子裘，陶父甓，克俭克勤。

## 诗词选

### 题北望岩

余诜

唐代遗荣作隐沦，杉松岩畔色长春。
也知昔日难忘主，举目时时向紫宸。

### 题养蒙堂

余璀

凿井穿池十里间，却将生计乐云山。
自从佩印归唐后，宜尔贤兄养道颜。

### 赠拾遗璀公归泗

余球

自泗归闽已几年，特开三径迈前贤。
力辞金印为余吏，饶买溪山不惜钱。
花萼虽殊棠棣宴，急难尤咏鹡鸰篇。
僻居海岛无奇物，风送高帆月送船。

### 卜隐东郊四首（选一）

余巘

自卜东郊隐，临风静启关。
晓云城上角，晴日海边山。
烟竹剩寒色，露花多笑颜。
唱酬贤者事，此景莫抛闲。

### 还乡志十首（选三）

余仁椿

其一

喜遂还乡志，林泉务种耕。

幽窗松竹下，浅酌遣余生。

其二

喜遂还乡志，春浓日暮天。

啼猿深夜里，明月枕函边。

其三

喜遂还乡志，庭花好种栽。

四时舒玉蕊，园引蝶蜂来。

### 贺尚书左丞靖忠襄公除为谏官

蔡襄

御笔亲除三谏官，喧然朝野竞相欢。

当年流落丹心在，自古忠良得路难。

必有谋谟裨帝右，更须风采动朝端。

世间万事俱尘土，留取功名久远看。

### 蓝田十咏·望江南

李廷芳

蓝田好，仙路入桃源。秀水一条银带绕，奇峰四面玉屏环。人在洞中天。

待客到，指点问青田。余族只今丞相裔，李家原是帝王孙。唐末避仙村。

**自勉**

李侗

陇西山水碧连天，境界横门有直篇。

黄卷已抛今世业，蒲团不免此生缘。

立身释道平生志，静坐凝神儒学研。

自勉修园星可摘，清风明月不须钱。

（注：夏庄房又称横门房，“横门”即李侗出生地的房名）

**南宋状元余复诗四首**

其一　题太姥岭

朔风吹发上招提，手覆藤萝步石梯。

笑语不知高处立，回头转觉万山低。

其二　题仙霞岭

十二年前过此间，旅囊羞涩笔头悭。

时来山色于人好，我亦诗肠似海宽。

旧事消除春后梦，新声惭愧路傍观。

乘车衣锦浑闲事，留取功名竹帛刊。

其三　和御赐诗

风虎云龙岂偶然，信知圣世举多贤。

虞庠教育蒙深泽，汉殿咨询愧首延。

褫褐遽沾琼宴宠，锡诗耸听玉音宣。

爱君忧国平生志，敢负周王宴乐篇。

其四　口占绝句

银瓶供砚照袍新，笔下千军自有神。

第一唱名知是我，从来头上不容人。

**奉上御芝隐公**

张以宁

曹州贩儿奋臂呼，长安夜啼头白乌。

唐家龙种李公子，观风南国停轺车。

象狮献状龟食兆，爱此山水清而姝。

初来山林尚荜路，厥后蕃衍蜂房居。

录公大材殿闽服，丹书铁券烨如珠。

五星聚奎文气旺，家家絃诵而诗书。

达官联翩入台寺，卑者亦剖刺史符。

一村两姓世冠盖，门户未肯低崔卢。

兹山创寺昉五季，苍林从古翔凤雏。

坡陀欲尽土囊合，豁然天设开奥区。

祠堂济济想剑佩，梵宇嶙嶙闻钟鱼。

燎黄昔日岁不乏，拜前拜后几千余。

昭陵麦饭久寂寞，杏梁桂柱亦须扶。

乃知儒泽世不泯，浮荣欻忽无根株。

海田变迁古亦有，霜露怵惕人谁无。

平生铁脊老慨然，尊祖念厥颁香初。

丞相亲捧丹凤诏，堂构重立新龟趺。

麦舟不复姑苏见，义田而今已荒芜。

今人乃有古人事，读碑令我长嗟吁。

会看芝诏起芝老，明堂一柱须人扶。

## 杉洋城观灯竹枝词（选三）

刘云章

其一

火炮连天夜月高，上灯时候闹嘈嘈。

风闻都道龙灯活，较比前年好看多。

其二

锣鼓喧阗遍八城，街头巷尾沸欢声。

村童拍掌哈哈笑，未晚牵衣促看迎。

其三

漏点无传夜若何，人声杂逐几回过。

无腔村乐沿街闹，大鼓雷轰间大锣。

## 题姚江退敌图

牟所

独有微臣不顾身，新图一纸巧传神。

姚江谁识英雄面，不画纷纷弃甲人。

## 题余天如宿云窗

李诚

余子厌肥遁，抱膝山之麓。

山幽云影闲，窗虚人影独。

相对日悠然，一任云来宿。

### 《长恨歌》题后

余良骏

其一

鞞鼓渔阳动地来，有唐宗社忽蒿莱。

汉皇原自思倾国，休怨阿环是祸胎。

其二

雨淋铃夜度千山，笳鼓声声怨阿环。

若使曲江言早用，不教胡骑蹦潼关。

### 赠友人失馆

余士庵

谁云教读是生涯，运蹇休将不倦夸。

偶有未如人意处，垂怜难望旧东家。

虽是悲君亦自悲，聊生无计有谁知？

彼此莫说非同病，九口家资笔一支。

### 游大东杉洋

萨镇冰

杉洋胜地快登临，朱子祠前望翠岑。

林壑清幽里野辟，先贤过化入人深。

### 画梅赠宗侄

李若初

艺苑优游索画来，更征风雅不凡才。

教鞭争与梅同发，一县春风妙化裁。

### 画竹赠宗侄

李若初

渭州初过雨，梁苑亦生凉。

清节须磨砺，他山石一方。

### 山居感事

李黎洲

百万貔貅誓灭秦，阋墙变又起江津。

独夫自乱楸枰局，群小争燃厝火薪。

恨有难平真似海，身如可碎任成尘。

何当举国蜩螗日，来作山樵听雨人。

## 文选

### 李氏祠堂记

李康伯

吾远祖乃唐宗室之裔，遭兵火乱，离流落闽中，遂卜居杉洋，编入民籍。逮至六代祖十一大录有奉佛心，抽舍田地，与构院宇，虽未完备而有佛殿。然因年岁浸久，木腐于蠹，瓦飘于风，几将坏矣。景祐丁丑岁（1037），叔左与僧绍修等勇于为善，月去其事，恻然于中。嗣承先志，发心募众缘，计数万馀缗，以为瓦木之资。自庆历三年（1043）癸未仲夏之月，鸠集工徒，革故鼎新其制，迄丙戌（1046）春，殿宇完美，四围雕饰，百工毕矣。倘非圣明御极，天下安平，年无凶荒，物无疵疠，人悉丰其本赡其用，内外和睦，以奉家给之余，赞成厥举，又曷能致是哉？儒家之议佛，盖砭其居处服用，耗蠹于人。若予叔伯之用心，募人给家足之余，为土木之费，又何愧于儒者之议哉？叔左等以予职于文墨，俾记之石，以示来者。聊状始末。其诸筑，施僧俗姓名，备镌于碑。时宋庆历六年（1046）丙戌孟夏之月日六代孙康伯谨记。

## 尚书左丞余靖转官诰命

联有大赉，虽逖维疏，微细必加焉，况乎位序高，任属重，宠章徽，数其事其可略乎？具官余某，政事之材，文艺之学，践更于外，光显有声，跻登大官，镇抚荒服，能率躬职，相时休成，衍食序勋，任其祗服。

## 论开边奏疏

余深

臣深一介书生，蒙陛下识擢，备数帷幄，诚千载一时之遇。然事有关于国家之大计，嘿而不言，是有负陛下眷待之隆，而失臣子爱君之谊。臣切见女真与单于，兵连祸结，非一日矣。要爵冒功之臣，辄起兵端，不顾后患。且女真通币修好，已逾百年。朔方之民，累世不见兵革。祖宗执此之政，坚如金石。恩德之渥，何可渝也，边隙一开，漫不可支。君子不以其所以养人者害人。虽得之，必失之。臣见其害，未见其利。况目今边庭之臣，谁可与任事者？轻举妄动，悔将何及。臣愚敢望圣慈，守祖宗之家法，戒边臣之生事，使天下享安靖和平之福，实社稷深长之虑。臣不胜惓惓。

### 初任洪州佥判蓝田诸族饯行致语

余复

乔木世家，厚德自百年之积；龙飞上第，高名喧四海之传。梓里增辉，华宗创见，恭惟宣义致政，传家八行，教子一经。八千岁之灵椿，春浓家室；第一枝之仙桂，芳在家庭。恭惟佥判，召试秘字，学贯天人，气冲牛斗；贤阙独步，文阵先登。鹏翼风高，壮九万里扶摇之便；鳌头浪煖，居五百人变化之前。虽云鹤岭之奇，实种蓝田之玉。银河派别，流岂无源？斗柄星移，光联不断。筵开元夜，道阻神仙。兹从莲幕之游，再合梓邦之礼。风流席上，更夸随侍之芝兰；笑语樽前，又睹满门之桃李。岁华伊始，庆事维新。南浦西山，渐睹滕王之景物；北门东阁，行追卫国之家风。某辄对芳筵，上呈口贺：元宵绮席为谁开，阆苑仙翁父子来。一点魁星临几席，满堂春色上樽罍。金瓯名姓知先覆，莲幕文章且暂陪。奉诏升墀近咫尺，莫辞此夕十分杯。

### 官宅安塔宫志

李侗

蓝田官宅，李吴余三姓聚居者，二百年间簪缨间出，子孙显荣，仕司徒学士代不乏人。吾相地舆形胜，体似一个竹排浮漂水面，久远不能续焉矣。观山川以卫风水，上有大镇石，中有宿林前，下有穿溪地锁，皆为龙气所钟，吾乡之命脉系焉。至村西宜架舆梁，立一石塔以收面前之水聚之，捆排浮之，护持形胜，不波不动稳之。以绵荫庇其祥发也，庶山川巩固，族姓蕃昌云。

宋政和癸巳岁孟冬　愿中侗撰　合乡众立。

### 蓝田书院碑文

朱珪

圣贤者后天地生，而知天地之始；先天地亡，而知天地之终；不为神明之照，而能为之主；不若鬼神之潜，而能著其灵。此道所以待人后行也。考亭夫子值道学崛起之候，生产闽中，所谓尧舜而上，道之元也；尧舜而下，其亨也；洙泗邹峄，其利也；濂洛关中而复有，闽以集成之，其贞也。上以继往，下以开来。所到有书院、精舍，讲道谈经，裁成后进，夫子之功伟矣哉！迄今人往风微矣，讲道之场颓垣废址，或仅馀墨迹者有之矣，或徒存教泽者有之矣。废兴有数十世可知，然而知书院之所由创，知天地之始也；知书院之所由烬，知天地之终也。及时再建，谁为之主也？暗中呵护，谁为著其灵也？土木繁兴，殿阁杰伟，虽曰人事，宁非神力？吾道诚兴，斯文丕焕，实千载一时之嘉会也。况我国朝，重师儒，端教化，宗正学，敦实行，自成均、大学及各省、府、州、县俱有书院育养人材，涵濡沐浴，多士得幸。古邑之蓝田书院，居峻山复巅之中，擅翠壑丹岩之胜，府治迤北二百四十里，为侯官、罗源、屏南、闽清、宁德五县交会之处，古名杉关即其地也。创建于五百年前，重兴于五百年后，而后知夫子之音容常在也，教泽长存也。所以载言行集中，与余讳隅、讳亮二子唱和诗篇，其遗徽尚依依如昨也。予兄弟前后奉命督学闽中，所得士如余席珍、余瑞东、余燮，即隅、亮二子之嗣孙也。得悉蓝田觌缕，因为文以记始末云。

**林孟卿赐赠一品诰命**

奉天承运，皇帝制曰：疆场著绩，南邦资捍卫之劳；殿陛施恩，先世沐宠荣之典。尔林孟卿，迁浙江定海总兵林承昌之曾祖父，令德在躬，义方启后，扬闻外家，传韬略之奇谋，泽沛天边，国有丝纶之宠锡。兹尔覃恩，赠尔为振威，锡之诰命于戏被章服，而攸宜洊承大泽，沐恩膏而无愧增耀。

**《借云楼诗集》序**

陈瑸

玉邑为考亭朱子过化之乡，距邑治百余里，为杉洋蓝田书院在焉。其乡理学之余泽为风雅。余承乏兹土，因公过从，诸生以文谒，而青如李子兼教以诗。夫诗学在今，呫哔家谓为不急之务以矣，帖括之用可以腾达。若诗者，巾箱中若长物，然故世罕工于此者。李子诸古作，乃能驾晋魏而上之；五七言近体，工部典赡，青莲秀逸；且有兼美风雅之目，当推独步矣。

康熙庚辰岁，知古田县事岭南陈瑸拜题。

# 摩崖碑刻

## 龙井记

杉洋《龙井记》石刻，高3.1米，宽3.7米，由宋杉洋进士余宋兴书写，陈寿刻石，工整颜体，雕工精湛。石刻字数之多居全省之最，历经800多年风雨沧桑，整体依然完好，字迹清晰美观，十分罕见。此摩崖石刻对研究古代文字书法、民俗风情、山川地理、石刻工艺等都具有极高的历史文化价值，是古镇杉洋众多历史文物中的珍稀瑰宝。记文如下：

### 龙井记[①]

蓝田居邑东，偏溪山之胜，盖武夷之支也。溯源行六七里，青壁斗绝，怪石林立，踞伏万状，或倚石而屏，或穴崖而窍，垂水聚峰之凹，厉者辊雷，清者嘎玉，瀑飞数百丈，叠潴三井。上则澎奔派析，既会复流，中回盘谷，前峙石峰，欲至不可；下焉环石而潭，泓如也。激湍嗡雾，气无冬夏，寒光逼人，毛竖魄越，不能以久立。间有神光夜腾，耆旧初盖未

↑ 摩崖石刻《龙井记》

①三阳开泰（余氏焕公开基杉洋1257周年祭祖庆典专辑）[Z].内部资料，2012.

↑ 摩崖石刻《龙井记》

知，咸曰："宝藏兴焉。"崇宁间，陌居田舍媪采薇山隅，眼有蟠于石，璀璨鳞鳞，文如黄锦，倏入于渊。出以语人，莫名变怪。迨绍兴初，异僧圆觉甫及境，指其方谓有龙居之，实惠此邦。因其言，以质媪之见，信其为龙也，不疑。会岁旱，乡民始即祷雨，随扣辄应。久之，邻境踵至，它邑亦赢粮而来。龙德之施于是兮，普乃相与植亭以祠。淳熙壬寅，平沙林择之来观，矍然曰："庐山之卧龙西涧谷濂漱玉无加是也。"特书于壁。越二年，雷峰昇公乞灵有感，命其徒绍隆鸠工鞭石更大其蹊，复作栋宇，以极禼奉，于是朋从相羊，追龙山胜事，引觞满酌，颓然就醉。已而夕阳在山，下龙渊，距百步，雄跨巨滩，横壅上流，泉冽石磬，洼然岈然，若锅若灶。罗乎杖履之侧，万象无一而非我有。然，后知地之所蓄者深，产乎物则为灵，钟乎人则为杰。山川之秀，有足乎扬，故因石镜之平，镵焉以纪。

时淳熙十一年九月望日也。

刻石 陈寿

## 林朝聘墓阴铭

杉洋民族英雄定海直隶厅同知林朝聘于清道光二十五年（1845）殁于定海，终年43岁。浙江军民将其灵柩移放到余姚接待寺中，道光帝亦谕旨古田知县督工，在杉洋修建大墓、重修宗

↑ 林朝聘塑像

祠褒扬他。同治元年（1862），林朝聘遗骸由余姚运回杉洋，安葬于伏龙岗，时任江西巡抚沈葆桢为林朝聘墓撰墓阴铭。铭文如下：

澹斋公，讳士溶，字世淳。振威将军文峰公生五子，长即公，由荫监入贡。以弟时庵公贵，赐封奉政大夫，配国光公女余太恭人，公生于乾隆甲辰年，卒于道光丁未年，享寿六十有四。配余太恭人生于乾隆丙午年，卒于道光癸卯年，寿五十有八。祧朱氏、谢氏二孺人，公之侧室也。

时庵公讳朝聘，字世珍，号以时，文峰公第五子也，官浙江余姚令。道光辛丑年，英夷犯顺，单骑退敌，声振一时，升授定海直隶厅同知，诰授奉政大夫。配长斋公女余太恭人。公生于嘉庆癸亥年，道光乙巳年卒定海任所，年四十有三。子三：长宠铭，咸丰元年以铨选知县，举孝廉方正，因养母未就征车；次宠铣，知府衔，浙江补用同知。三鄞生，幼殇。

公先以退敌功，奉旨赏戴蓝翎。道光甲辰冬引见，蒙恩召封三次，赏换花翎，天语褒嘉，称可大用。未逾年，竟赍志以殁，海内惜之。公性孝，友于兄弟。宠铭、宠铣以澹斋公与公合葬于古田凤林寺伏龙岗之原，体观心亦以承先志也。

坟坐申向寅兼庚甲，葬以同治元年四月二十一日，扩正四穴：中左澹斋公，中右时庵公，次左澹斋公配余太恭人，次右时庵公配余恭人。生圹：朱谢二孺人祔于左次穴降数武。

予素稔公家世，爰崖略列于碑阴。

中国民间文化遗产抢救工程

THE PROJECT TO CHINESE FOLK CULTURAL HERITAGES

俗话说：靠山吃山，靠海吃海。一方水土养一方人，杉洋镇属亚热带季风气候，四季分明，资源丰富，优越的自然环境孕育了天然绿色食材，勤劳的杉洋人民怀着对土地的眷恋，运用智慧巧妙地利用自然，获得质朴美味的食物。

杉洋人对食物的感情多半是怀旧与留恋，怀念那个时代，留恋童年的味道。千百年来，杉洋的饮食文化就这样随着时代的变迁不断流变，但无论时光流走多远，在杉洋人的脑海中，只有故乡的味道熟悉而顽固，即便在千里之外也能闻到记忆深处故乡的味道。那是麦芽糖甜甜的味道，目鱼汤酸辣的味道，水晶肉香酥的味道……也是时光的味道，记忆中的味道。

↓ 征东饼

# 第六章
# 风味杉洋

# 传世美馔

## 腊兔肉

腊兔肉也叫米烧兔，为杉洋民间年节时特制的佳肴，米烧兔制作工艺独特，先在铁锅里放入大米，再用竹架托住宰杀的兔子，烧起微火让锅温慢慢烘干兔肉大部分水分，同时让米香逐渐渗入肉中。烤制成的米烧兔色泽褐红油亮，肉质干结细嫩，其味香甜浓郁。用餐时，将米烧兔切成细块，拌以生姜、曲醋而煮，酸辣香甜，其味无穷，为酒宴一道佳肴，亦为农家宴请来客备制的“迎客菜”。

↑ 腊兔肉

## 芋蛋面

芋蛋面主要的原料就是番薯粉和芋头，很筋道，有弹性。如果没有人告诉你是什么做的，你感觉不到原材料的味道。配上牡蛎熬出来的汤，味道十分鲜美。

杉洋农村人家里经常做这种面食，番薯粉、芋头都是家中常有的食材，拿只稍微大点的碗，把煮熟的芋头捣成泥状，和人番薯淀粉，搅拌成团，放在木桌上搡成圆条备用。在锅中放点海蛎、肉丝、芹菜，煸炒出香味后，加水烧开，放人芋

↑ 芋蛋面

蛋面，加上味精、盐巴、葱花等就足够美味。或者你觉得自己刀工够好，也可直接把面团放在手上，边切边煮，有点像刀削面的做法。

家中但凡有客人来，都会用芋蛋面来招待，此面口感清香，入口爽滑，热面清汤，沁人心脾，也是杉洋人闲时呼朋聚友、就家取料、即兴而作的“喜乐面”。

## 鼠曲粿

春天，鼠曲草长起来的时候，就是杉洋鼠曲粿上市的时候。鼠曲草是一种一年生的菊科草本植物，长在山野田地间。它的叶没有柄，绿色至淡绿色，两面都有白色绒毛，看起来特别绵柔。叶的顶

↓ 鼠曲粿

端是圆的，基部是狭长的。茎的顶端会开花苞，花黄色至淡黄色，在田地上看起来甚是可爱。这时杉洋人便会呼朋唤友去田地里将鼠曲草采摘回来做鼠曲粿。采摘鼠曲草的时候，挑嫩叶摘，不连根拔起。剩的根脉假以时日，又会生长出新叶再供采摘。

鼠曲草摘回来之后，把黏在鼠曲草上的杂物比如草秆和草籽剔除干净并清洗。清洗干净的鼠曲草捞煮一下，剁碎。粳米、糯米和冬米按一定比例配好，头一天先行浸泡。在给鼠曲草剔除杂物的时候，便把浸泡好的米倒进大饭甑上火蒸煮，蒸30分钟即可。接着把剁碎的鼠曲草放到舂臼里舂成泥酱状，连同蒸过的米粿倒入舂臼，再混合舂就，即成鼠曲粿坯。最后用直径10厘米、厚度3厘米，刻有“福”“禄”“寿”“禧”字模的粿印，把粿坯一块块压印成青绿色的鼠曲粿。印制好的鼠曲粿单块晾放冷却后可以叠放起来，一般5块一摞，放到大竹篮里。10块、20块地分送一部分给亲友。吃的时候，或蒸或煎，煎时放在铁锅里煎成两面金黄，外酥里嫩。鼠曲草的香和米饭的香交融在一起，堪称人间美味。

↑ 煻土鳅

## 煻土鳅

夏日炎午或凉夜，村童、农人常到水田，用特制的带齿铁签子“刧”鲜活的土鳅；特别在秋后农闲，村童、农人更是事先探准了多藏土鳅的水田，当天傍晚，备好碾过的草药到水田里泼（毒晕）土鳅。次日一大早，呼亲唤友下田拾拣满田被毒死或毒昏的土鳅，装满竹篓、篮子，满载而归。然后，用一条条芒秆把土鳅穿成一串串，放到石墙边事先安置好的木架上，下面用稻草文火来回反复燎烤，浓烟熏制，使土鳅逐渐熏熟变色，呈油亮褐色。煮时配以糟菜、曲醋，即为农家一道营养丰富的荤味美食。

## 八炒四点心

杉洋喜庆之宴，讲求八炒四点心。“八炒”，即猪肉、牛肉、鸡肉、鸭肉、瓜鱼、跳鱼、牡蛎、鲟；在“八炒”之间，每二炒之后，还得加水果和蚶等清淡海产。下半场席宴安排筋、参、燕、鲍。达官显宦之家办宴仿御膳，“筋”要用鹿筋，“参”要用上好名贵海参，“燕”要用燕窝，“鲍”要用珍贵鲍鱼。而一般人家办不起，就逐渐改为牛筋、肉燕、一般海参，鲍鱼则用泡猪皮替代。一席酒宴总计有20余碗菜肴。最后还要上一道肉糕才罢席，取“步步升高”之吉祥意愿。

## 酸辣目鱼汤

↑ 酸辣目鱼汤

自古饮食总是和地理位置有着密不可分的联系，离海较远的杉洋人把海产干货做成了不一样的风味。为了祛除山区的湿气，生姜就成了目鱼汤最好的配料。把在碱水里发好的目鱼洗净后切好，先用时蔬、木耳、生姜、辣椒等下锅爆炒，再加上一碗水淀粉，煮开后加入目鱼，用当地特有的曲醋、糖等调味。一碗独具地方特色的酸辣目鱼是美味，更是杉洋人的智慧。

## 水晶肉

水晶肉是一道杉洋酒席必上佳肴。香脆可口，入口即化。不仅热量高，还健脾开胃，如水晶般晶莹，以“水晶肉”称之，名副其实。做水晶肉用的材料很简单：肥猪肉、油、鸡蛋、淀粉、白糖、水。制作过程也并不复杂，但要求高，火候的掌握至关重要，有名的大厨才做得好这道菜。配方比例是：500克肥肉，250克糖，3个鸡蛋，100克淀粉。

先挑厚厚的肥肉，去皮去瘦肉，切成2~3厘米厚，3~4厘米长大小，拌以鸡蛋、淀粉，放入烧开的油锅中，油漫过肥肉即可，看肥肉数量而定，而且肥肉中的油也会被炸出来，炸至微黄即捞起。接着开始煎（熬）白糖，这一步很关键，水只能加到刚好没过白糖，慢火煎（熬）到用筷子试试，能像一道瀑布展开，可以轻捏成团，就要熄火了。这时，把油炸好的肥肉倒入锅中糖水里，均匀搅

↓ 水晶肉

拌，让每一块肥肉都沾上糖水，捞起晾干。一会儿，白糖结晶，一个个晶莹的水晶肉便展示在我们面前，真的是色香味俱全。有的师傅还拌以葱花、芝麻，又多了一道风味。

热情好客的杉洋人，宴席上准备这道菜，就是为了给客人带回家。所以在杉洋喝喜酒的人都会带一小袋回家，分给亲友们品尝。客人吃饱喝足，还满载而归，主人面子也足，可谓宾主皆大欢喜。不过，这美食只能浅尝辄止，不可大量食用，吃多了太甜腻。如今，渐渐喜欢上水晶肉的朋友，还通过购物网站网购，当作探亲访友的伴手礼。

### 红曲酒

杉洋盛产红曲酒。红曲酒，学名为“红曲黄酒”，是纯粹的原酿原浆，绝无勾兑。与白酒酿造需要蒸馏不同，红曲酒是由大米、红曲加水直接酿造而成的。

红曲是用大米制造的，不过用的是粳米。大自然中有一种酶，叫红曲酶。红曲酶被提纯后，长出来的菌丝是暗红色的，这便是红曲酒的原色。红曲霉通过大米淀粉不断地供给营养成分，不断地繁殖，直到大米膨化、变红，即为红曲。在干燥的条件下，红曲酶进入休眠期。当红曲遇到水，红曲酶即被激活。酿酒时，红曲经过浸泡，加入营养丰富的糯米饭里，便不断地把糯米饭糖化、酒化。在这个过程中，酿酒师需要用手插进酒瓮中测试温度。此时温度的控制完全是靠酿酒师的感觉与经验判断。能不能酿出好酒，酿出来的酒能不能长期存放，关键在于温度掌控。这种掌控要由师傅言传身教，要靠徒弟自己去体会总结，有的人穷其一生也不得其要领。

↑ 杉洋红曲

↑ 制曲

# 古镇小吃

## 麦芽糖

杉洋麦芽糖闻名遐迩，其甜而不腻的极佳口感给人以深刻印象。在大山深处的杉洋古镇，庭院寂静，炊烟袅袅。乡人于房前屋后、溪边陌上耕作。杉洋麦芽糖就在这个山清水秀、民风淳朴的地方由村民们潜心熬制而成。做麦芽糖看似简单，但不学个四五年是做不好的。它不仅是技术活，还是个力气活。先把上好糯米洗净、浸透、蒸熟，放在注入井水的锅内与生麦芽一同发酵后，用文火烧焖8个小时。随后倒入水藤篓中尽量榨出原汁，再把原汁倒入锅内熬5个小时许，使原料渐而变为金黄色的稠糊状，即成麦芽糖原

↓ 制作麦芽糖

料。再把其盘缠在梧桐树木特制的糖柱上，经反复不断的缠绕，麦芽糖原胚由金黄色渐渐变为乳白色，并渐而膨胀变大变韧。其后以手工搓成条状，扯糖时所谓的技术含量，就是要懂得看色泽和外形，要拉到出气孔，外观有粗糙的“蛇皮”质感，这样的麦芽糖才松、软、不黏牙。再将事先准备好的花生馅、黑芝麻馅添加到麦芽糖中，拉开成型即可。拉好的麦芽糖被剪成一块块、一条条，撒上糯米粉堆放在木案上，芳香扑鼻，甜蜜诱人。若是把做好的麦芽糖放在事先炒好的谷壳中，吃起来更是唇齿留香。

历代以来，这种小吃深受杉洋男女老少和外地亲朋来宾青睐。食之甜而不腻，香而不黏牙，脆而不易碎，富有营养，其糖分转化为饴糖，易于人体吸收。

### 烤萝卜

入冬萝卜收成后，杉洋各家主妇把从溪边洗干净的整担萝卜挑回后，倒入注水加盐的大锅里，然后在灶里燃起柴爿大火，一直猛火旺烧，直至锅里水干，萝卜水分也渗出渐干，然后文火再烧，直至白萝卜由黄变黑，最后灶里灭火，靠火炭余热再把萝卜烤软烤干，经一整天烤制，满锅萝卜仅制成小半锅烤萝卜，然后晾放一段时间，装入瓮里密封备食。食时打开瓮头，满瓮生香，夹出柔软油黑的烤萝卜，作为稀饭佐菜特别开胃，以肥肉拌煮，油而不腻，其味独绝。

### 征东饼

相传“征东饼”和“光饼”都是戚家军行军时的干粮。杉洋的征东饼稍大些，略软些，饼面颜色黄中带褐。其实征东饼与光饼制作方法一样，均以面粉为主料，加以少许食盐，征东饼加少量红糖，略经发酵，切块碾成圆形饼坯，用口小腹大的特制饼炉，将其粘贴内壁，经烘烤即成光饼或征东饼。光饼中有小孔，售时贯以草绳，携带方便；征东饼有糖馅，中无孔。在制作过程中，其疾徐有致的突突碾击声，顾客围炉而观的娓娓谈笑声，已令人喜闻乐见，而出炉的征东饼，面脆底软，香酥可口，则更惹人食欲，可谓大众化快餐便点。

↑ 征东饼

## 大糍粑

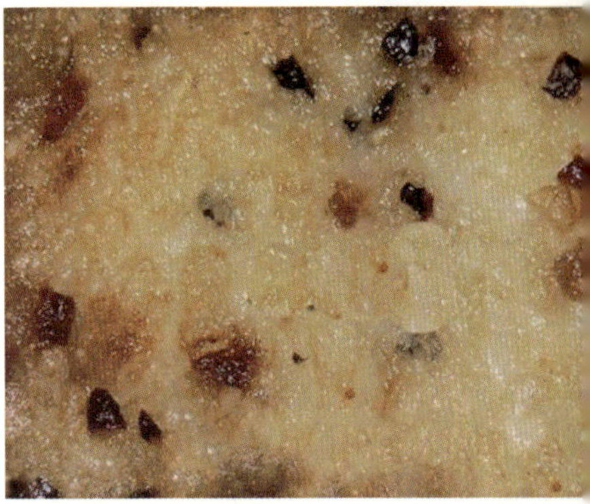

↑ 大糍粑

凡杉洋古宅民居，均在下天井廊边，或后厅廊角各备有一个上大下小的平面为四方形或圆形的大舂臼和一把挂在墙壁的丁字型舂槌。每逢过年、农事节气、清明扫墓、六月祈雨、七月半烧纸钱、八月中秋、秋后卷埕（稻谷收割毕挑回家）、冬至时日等，家家户户必做糍粑，以许下“时来运转”之愿。做糍粑，要用“冬米”（糯米类），事先加以洗浸，待干米吸饱水份，膨胀变软，即倒进大饭甑加以蒸熟透心，然后把它倒入舂臼里，由几个壮汉轮举舂槌连续不断地一阵阵上下用力舂，另一人在旁边趁举起舂槌间歇，不断用手把臼里的糍粑翻动，直至舂到不粘槌方罢休。食用时用大盘装着，在野外则用大桶盛着，拌以红糖、猪油，黄澄发亮，十分可口。

## 马饼

马饼，是一种月饼，约有一个大人的手掌那么长，只不过形状像是一匹小马驹。一般只有过中秋时才可以见到。

↑ 马饼

为什么称为马饼？是因为它们有着活灵活现的头部和躯干，活像一只栩栩如生的小马昂首扬蹄，驰骋疆场，制作它们的人还用不同颜色涂上了几个点，仿佛是骏马身上好看的斑纹。这马饼多半是乡村作坊里的老板用木头模具做成的。中秋节时，它们要么被摆放在节日气氛浓郁的商场摊位门口，要么被杉洋人买回了家，摆放在饭桌上。

在团圆热闹的中秋节里，杉洋的孩童吃完了丰盛的晚餐（这顿饭肯定有一碗煮白玉豆和一大盘炒田螺），长辈们就会把买来的一袋马饼笑吟吟地分给家里的孩童，一边分一边说："要省着吃啊。可以放在米缸里存着，不容易变软。"分到马饼的孩子就用马饼来和邻居家的伙伴"斗马"。当两只小马互相顶来顶去，最后断掉了马脖子时，孩子们就名正言顺地把它们消灭，只留下醇香的回味。

可以说，马饼是杉洋人难忘的童年快乐回忆，也是杉洋独特的小吃文化。

## 九重粿

与杉洋现在远近闻名的目鱼汤、水晶肉、麦芽糖等风味一样，杉洋的九重粿也是深受人们欢迎的一种舌尖上的美食。至于为什么是九重，也许是杉洋人祈祷好日子要长长久久。

九重粿由一层层米浆蒸熟叠加而成。它的制作过程比较讲究。

九重粿也叫米粿，有九层，每层颜色都有所不同。做九重粿先要把米淘洗干净，浸泡若干小时，再研磨成米浆。随后，将米浆倒入铺有纱布的蒸笼，盖好锅盖蒸熟，这只是第一层。接着得再往蒸笼布里倒入米浆，蒸熟了就是第二层……如此反复，直到蒸熟九层，九重粿就大功告成！这样层次感分明的九重粿中一定有一两层是用加了红糖的米浆做出的，它可能在第五层或第八层，褐红的颜

↓ 九重粿

色显得很是喜庆。九重粿中用红糖做的红色的若干层是杉洋人很喜欢的，因为最甜。

蒸熟拿来售卖的九重粿看着就让人垂涎欲滴。卖九重粿的小贩会把这硕大的三角形米粿藏在容器里，上面盖层布，有时还可以看到布上泛起微微的热气。冷的九重粿也可以吃，但冒着热气的米粿更加美味。九重粿味道有甜的，也有咸的，不同口味满足了不同的味蕾需求。

## 郑化油丸

杉洋有一个名字很土气但味道极好的小吃——油丸。

农耕时代，人们往往选用来源广泛的农产品，经过精湛的制

↓ 油丸

作，从而发明出既经济又甜美的风味小吃，这油丸就是至今还活跃在杉洋街头巷尾的一个糕点名小吃，它的历史已经超过百年了。

油丸是选用上等地瓜粉（薯粉），碾碎过筛，放在蒸笼中蒸半个小时以上，取出待用。然后取一定量的白糖在铁锅中熬成黏稠度适当的糖浆，加入事先熬好冷却但未冻结的上等猪油，倒入地瓜粉，加入炒好的黑芝麻，微火翻炒均匀，趁热捏成直径2~3厘米大小的油丸，冷却后即可食用或包装出售。

制作好的油丸外观洁白如玉，香味浓郁，轻轻捏起一丸，放入口中，无须咀嚼，含之即化，回味无穷。过去牙口不好的老人最喜欢吃油丸，既营养又容易消化。奶水不足的幼儿也常常用油丸或八果糕调开水补充喂养，的确是一种老少皆宜的小吃。

杉洋凡糕点师都会制作油丸，但辅料的变化口味各有千秋，据说百年前的李郑化制作的最为出名，所以杉洋人称之为“郑化油丸”。

## 锅边糊

锅边糊配油条，是杉洋人早餐的标配。杉洋的锅边糊相当有特色，不放海鲜，米浆久煮不烂，烂而不化，入口滑滑嫩嫩的。

↑ 锅边糊

杉洋锅边糊称不上奇珍佳肴，做法也很简单，每一碗都是杉洋人用心做出来的。每天清晨天还未亮，小摊主们就开始精心熬制锅边糊了。首先要准备一锅高汤，然后将火烧旺，待锅中汤沸腾，将稀米浆浇在热锅边上，就形成片状米粉干，最后将片状米粉干铲到汤里，一锅美味的锅边糊就这样完成了。

锅边糊的美味在于用猪大骨等熬汤，在锅里烧开取其鲜味，加芹菜、葱、虾皮、香菇等作佐料，还有一些人习惯用筒骨、猪大肠、小肠等熬汤。食用锅边糊时可佐以肉包、春卷、油饼等各类小吃。刚出锅的锅边糊白、脆、薄、润，汤清不糊，食之细腻爽滑，清香可口。

## 蛋燕

说起杉洋蛋燕，地位仅次于锅边糊。蛋燕也名蛋面，其口感以滑、润、嫩、细为主。做蛋燕其实很简单。将地瓜粉和鸡蛋搅拌成黏稠的糊状，然后放置在平底锅中，摊成薄皮状，固定成型后捞起放凉。然后，将摊好的薄饼切成条状就可以了。烹饪的方法有好几种，可以做成炒蛋燕、煮蛋燕、拌蛋燕、清汤蛋燕等。

↑ 蛋燕

蛋燕要煮得好吃，最重要的是汤头，汤头通常用排骨汤或者鸭肉汤，食用时加入葱、蒜等。其中，炒蛋燕备受欢迎，热油下锅，配以花蛤、黑木耳、鸡蛋、冬笋、蘑菇、肉丝等翻炒，吃起来口感滑溜，弹性十足，入口难忘。

## 杉洋炒面

炒面是杉洋当地人颇喜爱的一种食物。杉洋的面条是切面，也被叫作“大条面”，多为机制粗条鲜面，得先煮熟晾干备用。吃时再用猛火炒，佐料多为肉丝、香菇、大蒜等山区常见食材，客人随到随吃，简单方便。

在各个店家吃到的炒面各有风味，但是一定不会缺少蛏酱，这个可能是杉洋所独有的一种调料，类似蚝油与生抽的结合体。另外火要大，炒得才香，但火要大，面又不能糊，这就体现出了厨师的水平，所以常看到炒面的师傅，一手拿勺子，一手持锅，在凶猛的灶火上快速翻腾炒面，直到炒的面入味了、软了才装盘。杉洋人评价一个厨师水平如何，常看他炒面的水平。

↓ 杉洋炒面

## 参考文献

[1]福建省古田县地方志编纂委员会办公室. 古田县志[Z]. 内部资料,1987.

[2]李扬强. 蓝田古文化[M]. 福州：福建省地图出版社，2005.

[3]李扬强. 蓝田引月[M]. 福州：福建省地图出版社，2011.

[4]刘振茂. 杉洋讲古·古迹篇[M]. 福州：海峡文艺出版社，2018.

[5]刘振茂. 杉洋讲古·人物民俗篇[M]. 福州：海峡文艺出版社，2019.

[6]三阳开泰（余氏焕公开基杉洋1257周年祭祖庆典专辑）[Z]. 内部资料，2012.

**图书在版编目（CIP）数据**

中国历史文化名镇．福建杉洋 / 中国民间文艺家协会组织编写；
潘鲁生，邱运华总主编．—北京：知识产权出版社，2023.6
（中国历史文化名城·名镇·名村丛书）
ISBN 978-7-5130-8773-5

Ⅰ.①中… Ⅱ.①中… ②潘… ③邱… Ⅲ.①乡村—概况—福建 Ⅳ.①K928.5

中国国家版本馆 CIP 数据核字（2023）第 094752 号

**责任编辑：**赵　昱　　**责任校对：**王　岩
**装帧设计：**研美文化　　**责任印制：**刘译文

中国历史文化名城·名镇·名村丛书
**中国历史文化名镇·福建杉洋**
中国民间文艺家协会　组织编写
总 主 编　潘鲁生　邱运华
本卷主编　曾章团　吴维敏　林　峰

**出版发行：**知识产权出版社有限责任公司　　**网　　址：**http：//www.ipph.cn
**社　　址：**北京市海淀区气象路 50 号院　　**邮　　编：**100081
**责编电话：**010-82000860 转 8128　　**责编邮箱：**zhaoyu@cnipr.com
**发行电话：**010-82000860 转 8101/8102　　**发行传真：**010-82000893/82005070/82000270
**印　　刷：**天津市银博印刷集团有限公司　　**经　　销：**新华书店、各大网上书店及相关专业书店
**开　　本：**720mm×1000mm　1/16　　**印　　张：**11.75
**版　　次：**2023 年 6 月第 1 版　　**印　　次：**2023 年 6 月第 1 次印刷
**字　　数：**136 千字　　**定　　价：**80.00 元

ISBN 978-7-5130-8773-5